Skye Alexander

Die Magie der Sterne

Skye Alexander

Die Magie der Sterne

Handbuch der Astrologie

Aus dem Englischen von Regina Schneider

Anaconda

Lizenzausgabe mit freundlicher Genehmigung
Copyright © 2019 by Skye Alexander
Titel der amerikanischen Originalausgabe:
Magickal Astrology. Use the Power of the Planets to Create an Enchanted Life
Published by Weiser Books, an Imprint of Red Wheel/Weiser, LLC

MIX
Papier aus verantwortungsvollen Quellen
FSC® C014496

Penguin Random House Verlagsgruppe FSC® N001967

Die Deutsche Nationalbibliothek verzeichnet diese Publikation in der Deutschen Nationalbibliografie; detaillierte bibliografische Daten sind im Internet unter http://dnb.d-nb.de abrufbar.

Umschlaggestaltung: Druckfrei. Dagmar Herrmann, Bad Honnef,
nach dem Entwurf der amerikanischen Originalausgabe von Kathryn Sky-Peck
Satz und Layout: Achim Münster, Overath
Druck und Bindung: GGP Media GmbH, Pößneck
ISBN 978-3-7306-0820-3
www.anacondaverlag.de

Für Zoe

INHALT

DANK

Ein großes Dankeschön geht an Michael Kerber, Peter Turner, Christine LeBlond, Laurie Kelly-Pye und all die vielen anderen tollen Leute bei Red Wheel/Weiser dafür, dass sie dieses Buch ermöglicht haben. Mein Dank gilt auch allen Astrologen und praktizierenden Magikern, die mich über Jahrzehnte inspiriert und vieles gelehrt haben, insbesondere Hugh Lockhart, der mein Interesse für die Astrologie geweckt hat.

EINFÜHRUNG

Die Beschäftigung mit Astrologie kann zu den höheren Einsichten führen, die das Leben fordert.

ROBERT HAND

Wir leben in einer magischen Welt, in einem Universum, das unbegrenzte Potentiale birgt, das aus sichtbaren und unsichtbaren, aus physischen und nicht-physischen Welten besteht. Die meiste Zeit sind wir uns lediglich der physischen Welt bewusst – und das auch nur zu einem geringen Teil. Unsere Vorstellungskraft ist begrenzt, genau wie unsere Fähigkeit, unsere Geschicke selbst in die Hand zu nehmen. Diese Welten sind unendlich komplex, doch mit den richtigen Mitteln und dem rechten Verständnis können wir uns in ihnen orientieren und bewegen. Mit Kenntnissen der Astrologie und Magie können wir Barrieren durchbrechen, die uns sonst Schranken auferlegen, und zwischen den Welten wandeln. Wir können unsere Wahrnehmung erweitern, um unseren Platz im Kosmos zu begreifen. Wir können die Zeitlichkeit transzendieren, in die Vergangenheit und in die Zukunft blicken. Vor allem aber können wir unser Leben so gestalten, wie wir es möchten, und anderen helfen, das Gleiche zu tun.

Niemand weiß, wie lange sich die Menschen schon der Astrologie und der Magie bedienen. Archäologen haben altägyptische Himmelskarten mit Gestirnen und Sternbildern aus dem Jahr 4200 v. Chr. gefunden, und der älteste bislang bekannte Mondkalender stammt gar aus der Zeit um 32 000 v. Chr., was darauf deutet, dass unsere Vorfahren seit ewigen Zeiten schon die Mondphasen verfolgten. Magische Praktiken werden bereits in den ältesten Schriften der Welt beschrieben und finden sich zuhauf in den zeitlosen Mythen aller Kulturen. Meiner Einschätzung nach war diese Weisheit schon immer mit uns und in uns, doch wir fangen gerade erst an, den Schleier aus Angst und Aberglaube zu lüften, der sie jahrtausendelang bedeckt hielt.

Die Verflechtung von Astrologie und Magie

Astrologie und Magie dienen als Bindeglieder zwischen den universalen Kräften und den irdischen Erfahrungen. Genau wie Mythen, Meditation und Musik bieten auch sie Fenster, durch die wir einen flüchtigen Blick auf das Göttliche erhaschen können, aus dessen Hand sich die sichtbare und erfahrbare Welt formt.

Der heilige Thomas von Aquin glaubte, dass »alle Bewegungen der sublunaren Welt durch die Bewegung der Himmelskörper verursacht sind«. Astrologische Kräfte üben einen tiefgreifenden Einfluss auf unsere alltäglichen Regungen und Aktivitäten aus, genau wie auf die Wirkprinzipien der natürlichen Welt. Es überrascht daher nicht, dass die Magie, die sich die Energien des Himmels, der Natur und der menschlichen Psyche nutzbar macht, von Anfang an auch auf die Astrologie zurückgreift.

Viele Denkmodelle existieren sowohl in der Astrologie als auch in der Magie. Keines ist »richtig«, keines ist »falsch« – alle sind sie gültig. Sie alle »funktionieren«. Astrologie und Magie verschreiben sich keinerlei spirituellen Pfaden, verwerfen sie aber auch nicht, obgleich einige Denkmodelle ihre Wurzeln in bestimmten kulturellen oder religiösen Traditionen haben.

Die Astrologen und Magiker, die ich kenne, glauben, dass alle Wege auf der Suche nach Wahrheit zum gleichen Ziel führen. So ist der erste Weg, den man einschlägt, nicht immer der, den man bis zum Ende geht, denn je mehr man lernt und das Wissen in die Praxis umsetzt, desto stärker zieht es einen naturgemäß und instinktiv zu dem Weg hin, der für einen selbst am besten geeignet ist. Der Zugang zu Geheimgesellschaften und -lehren war in der Vergangenheit, vor allem aus Furcht vor Verfolgung, stark eingeschränkt. Heutzutage ist okkultes Wissen in Buchhandlungen und im Internet jederzeit in einem breiten Umfang verfügbar. Jeder kann darin eintauchen, sich mit Astrologie und Magie beschäftigen und seine eigenen Wege beschreiten, allein oder in einer Gruppe von Gleichgesinnten. Und wer die uralten Schriften genauer unter die Lupe nehmen möchte, findet sie auf zahlreichen Webseiten. Wir haben heute sehr viel mehr Möglichkeiten, diese Ideen zu erforschen und uns darüber auszutauschen, als je zuvor. Ich möchte Ihnen sehr ans Herz legen zu experimentieren. Lesen Sie alles, was Sie zu diesem Thema finden können. Lassen Sie sich guten Mutes von Ihrem inneren Wissen leiten.

Die astrologischen Informationen in diesem Buch entstammen der reichen thematischen Vielfalt der zeitgenössischen westlichen Welt. Das heißt aber nicht, dass ich die chinesische, die vedische oder die heliozentrische Astrologie geringschätze, es heißt nur, dass ich als praktizierende Magikerin der modernen westlichen Welt mit mehr als vier Jahrzehnten Erfahrung dieses System als das effektivste betrachte. Der Großteil der Informationen über Magie in diesem Buch folgt den Traditionen der

Wicca und Neo-Paganisten, denn sie stehen in Einklang mit meinem keltischen Erbe, meiner feministischen Ausrichtung, meiner Abneigung gegen starre Hierarchien (wie sie für alle Wassermann-Geborenen typisch ist) sowie meiner großen Liebe zur Natur.

Aber ich nutze auch die Kraft des Feng Shui, dazu östliche Yogapraktiken, indianische Weisheitslehren sowie einige Rituale des *Order of the Golden Dawn* (Orden der Goldenen Morgenröte), eines magischen Geheimordens. Ich teile gerne mit Ihnen, was für mich seit Langem gut funktioniert. Nur Mut, nutzen Sie das, was Sie anspricht. Was Ihnen hingegen nicht zusagt, können Sie abändern, ausbauen oder individuell anpassen.

Was ist Magie?

Im Kern ist Magie der Prozess der bewussten Erschaffung von Realitäten durch die Manipulation von Energie. Aus Sicht des Magikers gibt es so etwas wie das Glück nicht – wir *erschaffen* unser eigenes *Glück*. Hexenkunst, zeremonielle oder rituelle Magie, Schamanismus, ekstatischer Sex oder Feng Shui sind allesamt Formen von Magie, und es gibt noch viele mehr. Trotz der Unterschiede in ihrer äußeren Form haben sie alle eines gemeinsam: Sie zentrieren die Intention des Magikers und stärken so seine Fähigkeit, (über)natürliche Energien zu bündeln und in die gewünschten Bahnen zu lenken. Die geistige Kraft hinter der Magie ist der Wille – Magie ist somit eine bewusste Handlung. Aleister Crowley, einer der berühmtesten Magiker der Neuzeit, sagte einmal: »Jede absichtsvolle Handlung ist eine magische Handlung.«

Magiker sind sich der feinstofflichen Energien bewusst, die überall um uns herum existieren, und sie haben gelernt, diese

Energien für bestimmte Zwecke bewusst zu nutzen. Sie vollziehen nicht nur hin und wieder ein Ritual oder sprechen gelegentlich mal einen Bannzauber aus; sie stehen vielmehr permanent in Kontakt mit den Kräften des Kosmos und versuchen, ihr ganzes Leben auf den Einklang mit diesen Kräften auszurichten. Donald Michael Kraig, US-amerikanischer Okkultist, formuliert es in seinem Buch *Modern Magick* so: »Magie definiert nicht, was du tust, Magie definiert, wer du bist!«

Glauben oder nicht glauben

»Glauben Sie da wirklich dran?« – ist eine der ersten Fragen, die ich zu hören bekomme, wenn jemand erfährt, dass ich Astrologin bin. Nein, antworte ich dann. Glauben bedeutet, etwas für wahr zu halten, das sich nicht rational mit Zahlen belegen oder durch Erfahrung beweisen lässt, wie etwa der Glauben an die Existenz einer göttlichen Macht. Dass die Astrologie aber durchaus ihre Berechtigung hat, ist seit Jahrhunderten in vielfältiger Weise belegt. Ich selbst habe dies immer wieder in meinem eigenen Leben und auch im Leben Hunderter anderer Menschen erlebt.

Das astrologische Wissen der meisten Menschen geht natürlich kaum über die belanglosen Horoskope, wie man sie in Zeitschriften oder im Internet findet, hinaus – viele lesen sie nur zum Spaß, praktisch als astrologisches Pendant zum Glückskeks. Die klassische Astrologie hingegen ist eine komplexe Kunst und Wissenschaft, und der Erwerb entsprechender Kompetenzen verlangt ein intensives Studium über Jahre hinweg, viel praktische Erfahrung und eine gewisse angeborene Begabung. Marc Edmund Jones, einer der großen Astro-Praktiker der Neuzeit, merkte einmal an, dass er seit nunmehr fünfzig Jahren die Astrologie studiert und kaum mehr als ein bisschen an der Oberfläche gekratzt hat.

Wenn der Mensch nicht ein so einzigartiges und komplexes Wesen wäre, ließe sich die Astrologie noch exakter beweisen. Der freie Wille – die Entscheidungen, die wir vor dem Hintergrund unseres ganz individuellen Grades an Sensibilisierung treffen – nimmt Einfluss darauf, wie wir auf kosmische Energien reagieren und diese nutzen, was es für Astrologen noch schwieriger macht, Ereignisse mit absoluter Sicherheit vorherzusagen. Dennoch reagieren wir Menschen generell in berechenbarer Weise auf planetarische Einflüsse, und je mehr wir über diese Einflüsse wissen, desto mehr Kontrolle haben wir über unser Leben. Wie sagen die Astrologen doch immer so gern: Die Sterne zwingen nicht, aber sie machen geneigt.

Die moderne westliche Astrologie wird (so wie die Psychologie) häufig herangezogen, um persönliche Einsichten zu gewinnen. Sie wird aber auch genutzt, um Erdbeben und Wetterereignisse vorherzusagen, Entwicklungen am Aktienmarkt abzusehen, Nachteile am Arbeitsplatz zu vermeiden, Krankheiten zu diagnostizieren und zu behandeln, Verbrechen aufzuklären und vieles mehr. Die praktische Arbeit mit der Astrologie und insbesondere ihre Anwendung ist wohl einzig durch unsere Fantasie begrenzt.

Wenn ich hingegen Leuten erzähle, dass ich Magie praktiziere, stoße ich tatsächlich selten auf Skepsis. Jeder, so scheint es, glaubt an Magie – und viele fürchten sie. Magie und magische Praktiken, so haben wir gelernt, sind etwas Sündiges und Bedrohliches, und Magiker und Zauberer sind boshafte Wesen, die verhasste Menschen mit einem Bann belegen. Noch zum Zeitpunkt dieser Veröffentlichung (2018) definiert das maßgebende US-amerikanische Lexikon Merriam-Webster den Begriff der »Hexe« einseitig als »eine Frau, der üblicherweise böse übernatürliche Kräfte zugeschrieben werden; *insbesondere* eine Frau, die üblicherweise Schwarze Magie praktiziert, oft im Pakt mit einem Teufel oder bösen Geist«. Diese Definition lässt weder ein präzises Sachverständnis der Hexenkunst und Zauberkraft erkennen, noch spiegelt sie die sich wandelnden Vorstellungen von Hexen wider.

Magie kann man auch missbrauchen, ja, das ist völlig richtig. Aber dies gilt auch für alles andere, für Autos oder Strom beispielsweise. Ich habe einen gesunden Respekt vor magischen Praktiken und Magie, genauso wie vor dem offenen Meer, und so möchte ich Ihnen raten, niemals tiefer zu tauchen, als es Ihnen guttut – weder hier noch dort.

Was man glaubt, das sieht man auch

Es ist wichtig zu verstehen, dass die Kraft unserer Gedanken Ereignisse beeinflussen kann. Buddha lehrte einst »Wir sind, was wir denken. Alles, was wir sind, entsteht aus unseren Gedanken. Mit unseren Gedanken formen wir die Welt.« In neuerer Zeit haben Quantenphysiker demonstriert, dass ein Beobachter auf das, was er beobachtet, Einfluss nimmt. Genau dies ist eine der Kernprämissen, auf der magische Arbeit basiert – das Bewusstsein eines Beobachters kann Realitäten schaffen und tut dies auch.

In *The Magician's Companion* schreibt Bill Whitcomb: »Man kann ein Phänomen nicht beobachten, ohne es durch die eigene Wahrnehmung zu verändern. Es gibt keinen unabhängigen Beobachter. Indem man die Welt wahrnimmt, trägt man zu ihrer Erschaffung bei.« Esther und Jerry Hicks haben diese Idee in ihren Büchern über das Gesetz der Anziehung (auch: Resonanzgesetz) populär gemacht. Ich teile die Meinung des russisch-amerikanischen Schriftstellers Vladimir Nabokov, dass »der Begriff ›Realität‹ immer nur in Anführungszeichen verwendet werden kann«. Die absolute Wahrheit mag existieren, ist für den Menschen aber nicht erkennbar. Wie ein Blinder, der einen Elefanten beschreibt, filtern wir unser Verständnis der Realität durch unsere begrenzten Perspektiven, durch gesellschaftliche Konditionen und individuelle Weltbilder.

Wer sich hingegen sträubt, an die Möglichkeit der Existenz einer Welt jenseits der physischen Existenz zu glauben, beraubt sich möglicherweise seiner Fähigkeit, sie zu sehen oder zu erfahren – auch wenn die Existenz oder Gültigkeit dieser Welt dadurch in keiner Weise abgestritten wird. Dies gilt insbesondere für die Arbeit in unsichtbaren Welten und mit subtilen Energien, wo andere Regeln gelten als für die normale, materielle Existenz.

Um Astrologie und Magie zu studieren, bedarf es nur eines offenen Geistes. Wer die Grundprinzipien der Astrologie und Magie leugnet – dass alles mit allem verbunden ist, dass es viele Ebenen der Existenz und Intelligenz gibt, die über das hinausgehen, was wir mit unseren physischen Sinnen wahrnehmen können, dass unsere Gedanken Situationen beeinflussen können und dies auch tun –, wird wohl kaum Fortschritte erzielen und sich am Ende nur selbst »beweisen«, dass Magie bloß Hokuspokus ist. Aber Sie würden dieses Buch sicher nicht lesen, wenn Sie Ihren Geist nicht längst für diese Ideen geöffnet hätten!

KAPITEL 1

WIE OBEN, SO UNTEN

Die Astrologie ist die zur Erde gebrachte Astronomie, um die Angelegenheiten der Menschen zu betrachten.

RALPH WALDO EMERSON

Unsere Vorfahren sahen Himmel und Erde nicht als zwei voneinander getrennte Ebenen der Existenz an, wie wir dies heute tun, sondern als miteinander verflochtene Einheit, ähnlich den Kett- und Schussfäden in einem Gewebe. Nach ihren Vorstellungen vom Universum beeinflussten die Himmelskörper sämtliche Geschehnisse auf der Erde. Sie wussten nicht nur um den Einfluss der Mondphasen auf die Gezeiten und um den Wechsel der Jahreszeiten je nach Sonnenstand, sondern sie glaubten auch, dass ein großer »Geist« oder eine »göttliche Energie« alles Irdische durchdrang und dass physische Existenz durch metaphysische Kräfte belebt würde.

Frühe Kulturen betrachteten Gestirne und Naturkräfte als Gottheiten. Die alten Ägypter beispielsweise sahen im Himmel die Himmelsgöttin Nut, die ihren sternenbesäten Körper bogenförmig über die Erde spannte, die ihrerseits durch den Erdgott

Geb verkörpert war. Aus ihrer beider Vereinigung entstand die gesamte Schöpfung. Die japanische Shinto-Religion kannte die Sonne als Amaterasu, »die erhabene Göttin, die den Himmel erleuchtet«. Ihr Rückzug in eine Höhle ließ die Erde in Finsternis versinken. Vor allem aber sind es die Götter und Göttinnen des römischen Pantheons, deren Namen wir bis heute mit den Planeten verbinden; die Planeten selbst galten als Heimatstatt der Götter. Um diese Gottheiten zu ehren, errichteten unsere Vorfahren Tempel, veranstalteten Feste, schufen Kunstwerke, ersannen Mythen und huldigten ihnen in alltäglichen Ritualen.

Wir sind heute schnell dabei, diese Weltsicht als primitiven Aberglauben abzutun. Frühe Kulturen jedoch besaßen, anders als wir modernen Menschen heute, ein viel tieferes und in mancherlei Hinsicht auch viel genaueres Verständnis für das magische Zusammenspiel von Himmel und Erde. Sie mussten schon allein deshalb eine Menge über die Natur wissen, um ihr Überleben sichern zu können. Und dieses enorme Wissen befähigte sie, im Einklang mit den Gesetzen und Rhythmen von Natur und Kosmos zu leben, anstatt gegen sie anzukämpfen.

WIE OBEN, SO UNTEN – WAS BEDEUTET DAS?

In der Tabula Smaragdina von Hermes Trismegistos heißt es: »Das, was unten ist, ist wie das, was oben ist, und das, was oben ist, ist wie das, was unten ist, ein ewig dauerndes Wunder des Einen.« Mit anderen Worten: Ein jedes Ding auf Erden (Mikrokosmos) hat eine energetische Verbindung oder Entsprechung im Universum (Makrokosmos) – die beiden Welten spiegeln einander.

Astrologie und Architektur

Beeindruckende, Ehrfurcht gebietende Bauwerke wie Stonehenge oder die Pyramiden, die der Wissenschaft bis heute Rätsel aufgeben, legen nahe, dass frühe Kulturen imstande waren, Kräfte zu nutzen, die sich unserem heutigen Verständnis entziehen. Vermochten die alten Magiker, feinstoffliche Energien zu beeinflussen oder mit den Elementargeistern der Gesteine zu kommunizieren? Bekamen diese frühen Baumeister Hilfe göttlichen Ursprungs? Wenn es uns gelingt, die verborgene Weisheit wiederzufinden, die im Laufe der Jahrhunderte verlorengegangen ist, und wieder mit den magischen Kräften in Verbindung zu treten, die uns umgeben – wer weiß, welche Wunder wir heute vollbringen könnten?

Lange bevor der Mensch die Kirchen, Moscheen und Tempel baute, die wir heute kennen, wiesen naturverbundene Kulturen gewisse Orte als heilige Stätten aus. Ausgewählt wurden Plätze, die in irgendeiner Weise mit bestimmten Göttern, Göttinnen oder Planetengottheiten in Verbindung standen. Spätere Kulturen errichteten an diesen frühen Kraftorten erste religiöse Bauwerke. Die Glastonbury Abbey in England beispielweise entstand auf dem Gelände der heidnischen Kultstätte, die als Avalon bekannt ist.

In seinem Buch *Sacred Architecture* schreibt der Architekt und Astrologe A. T. Mann: »Sonne, Mond, Planeten und Sterne galten als Götter und Göttinnen. … Jeder Gottheit war ein bestimmter Himmelskörper zugeordnet, und alle kultischen Handlungen und Ehrbezeigungen standen in Verbindung mit dem kosmischen Kreislauf, mit den scheinbaren Bewegungen und anderen Eigenschaften des entsprechenden Himmelskörpers. Um eine Gottheit anzurufen, wurden Manifestationen des Kreislaufs oder Zahlen kreiert, die mit dem entsprechenden Lichtkörper, Planeten oder Stern korrelierten.« In den Tempeln des ägyptischen Gottes Osiris etwa befanden sich 365 Opfertische, einer für jeden Tag des Jahres. Bei den befestigten Städten der islamischen Architektur entsprechen die vier Tore den vier Elementen und die zwölf Tore den zwölf Tierkreiszeichen. A. T. Mann zufolge »waren die meisten frühen Bauwerke und Tempel nach dem Himmelskörper, Planeten oder Stern der dort jeweils verehrten Gottheit ausgerichtet.« Nicht selten war das Gebäude so angelegt, dass die Strahlen der aufgehenden Sonne am Feiertag der entsprechenden Gottheit direkt durch das Portal in den heiligen Raum einfielen. Ein bekanntes Beispiel hierfür ist der Luxor-Tempel in Ägypten, der von großem astronomischem Wissen um die Bewegungen der Himmelskörper zeugt. Der Bau des Tempels erfolgte über mehrere Jahrhunderte hinweg. So konnten die Säulenreihen nach den wechselnden Positionen des einfallenden Sonnenlichts angeordnet werden, während die Wanderung der Sternbilder (Tierkreiszeichen) im Jahreslauf die Perspektive von der Erde zum Sternenhimmel verschob.

Eines der besten Beispiele für die enge Verbindung zwischen Astrologie und früher Architektur ist Stonehenge. Da die Anlage so ausgerichtet ist, dass die Strahlen der aufgehenden Sonne am Tag der Sommersonnenwende genau auf den zentralen Altarstein scheinen, diente sie bereits zwischen 1600 und 1900 v. Chr. der präzisen Vorhersage von Sonnen- und Mondfinsternissen. Einer Theorie zufolge ist Stonehenge gar das älteste Planetarium der Welt. Berechnet man die Entfernungen vom Mittelpunkt der Anlage zu den einzelnen Steinkreisen, die rings um diesen Mittelpunkt gruppiert sind, und multipliziert diese mit dem Faktor 1010, so entsprechen sie genau den Entfernungen der Planeten (von Merkur bis Jupiter) zur Sonne.

Auch bei den Maya spielte die Astrologie eine wichtige Rolle. Sie erstellten Geburtshoroskope für männliche Neugeborene und entwickelten einen Sonnenkalender, ein 365 Tage umfassendes Sonnenjahr. Das Observatorium El Caracol im mexikanischen Chichen Itza belegt das beachtliche Wissen der Maya über astrologisch-astronomische Zyklen; die Fenster in der Kuppel des Observatoriums sind exakt auf die Positionen der Planeten im Jahreskreislauf ausgerichtet.

Von hochentwickelten astrologischen Kenntnissen zeugen auch die bildlichen Darstellungen in der mittelalterlichen Basilika San Miniato al Monte in Florenz. Überall finden sich okkulte und astrologische Symbole, darunter ein Tierkreis-Rad aus farbigem Marmor, das den Fußboden im Hauptschiff ziert. Interessanterweise liegt die Sonne genau im Mittelpunkt des Tierkreises, obwohl die Kirche zu einem Zeitpunkt erbaut wurde, als die Menschen glaubten, die Erde sei der Mittelpunkt unseres Sonnensystems.

Im Mittelalter und in der Renaissance wurden Handwerker spezieller Zünfte, die um die alten Mysterien wussten, zum Bau der großen Kathedralen Europas herangezogen. Diese geheimen Bruderschaften der Steinmetze und anderer, die der okkulten Symbolik und Magie der Mathematik kundig waren, ließen ihr Wissen in die sakrale Architektur einfließen, wo es auch die Besucher intuitiv in sich aufnahmen, die nicht in die dahinterstehenden Lehren eingeweiht waren.

In den Sakralbauten der ganzen abendländischen Welt sind Tierkreiszeichen und andere astrologische Symbole bis heute zu sehen. Ohne jeden Zweifel wussten die Architekten um die Beziehung zwischen den Himmelskörpern und dem Leben auf der Erde. So finden sich beispielsweise in den kunstvoll gestalteten Rosettenfenstern der beiden Kathedralen Notre-Dame de Chartres und Notre-Dame de Paris astrologische Motive. Und auch in neueren Kirchen sind Darstellungen, die man durchaus Tierkreisbildern zuordnen kann, nichts Ungewöhnliches (insbesondere Bilder von Stieren, Löwen, Adlern und vermenschlichten Darstellungen der vier fixen astrologischen Zeichen Stier, Löwe, Skorpion und Wassermann) –, auch wenn der Zusammenhang manchen Kirchenbesuchern fremd sein dürfte und viele Geistliche diesen Symbolbildern eine eher geringe Bedeutung beimessen.

Astrologie und Körper

Bis vor wenigen hundert Jahren noch waren Astrologie und Medizin eng verflochten. Hippokrates, der berühmteste Arzt der griechischen Antike, oft als »Vater der (modernen) Medizin« bezeichnet, sagte einmal, es dürfe sich kein Arzt mit Recht Arzt nennen, der nicht die Astrologie beherrsche.

Und Paracelsus (1493–1541), Schweizer Arzt, Astrologe, Naturphilosoph und Alchemist, lehrte, dass wir Menschen eng mit astrologischen Einflüssen verbunden sind. Er glaubte, der Geist komme von den Sternen, die Seele von den Planeten und der Körper von den Elementen. In seiner Heiltätigkeit betrachtete er die Bewegungen der Himmelskörper und ihre Auswirkungen auf die Gesundheit seiner Patienten. Paracelsus stellte außerdem die Vermutung an, dass Pflanzen und Metalle Eigenschaften haben, die mit den Planetenenergien verbunden sind und die er sich für seine Arzneien zunutze machte.

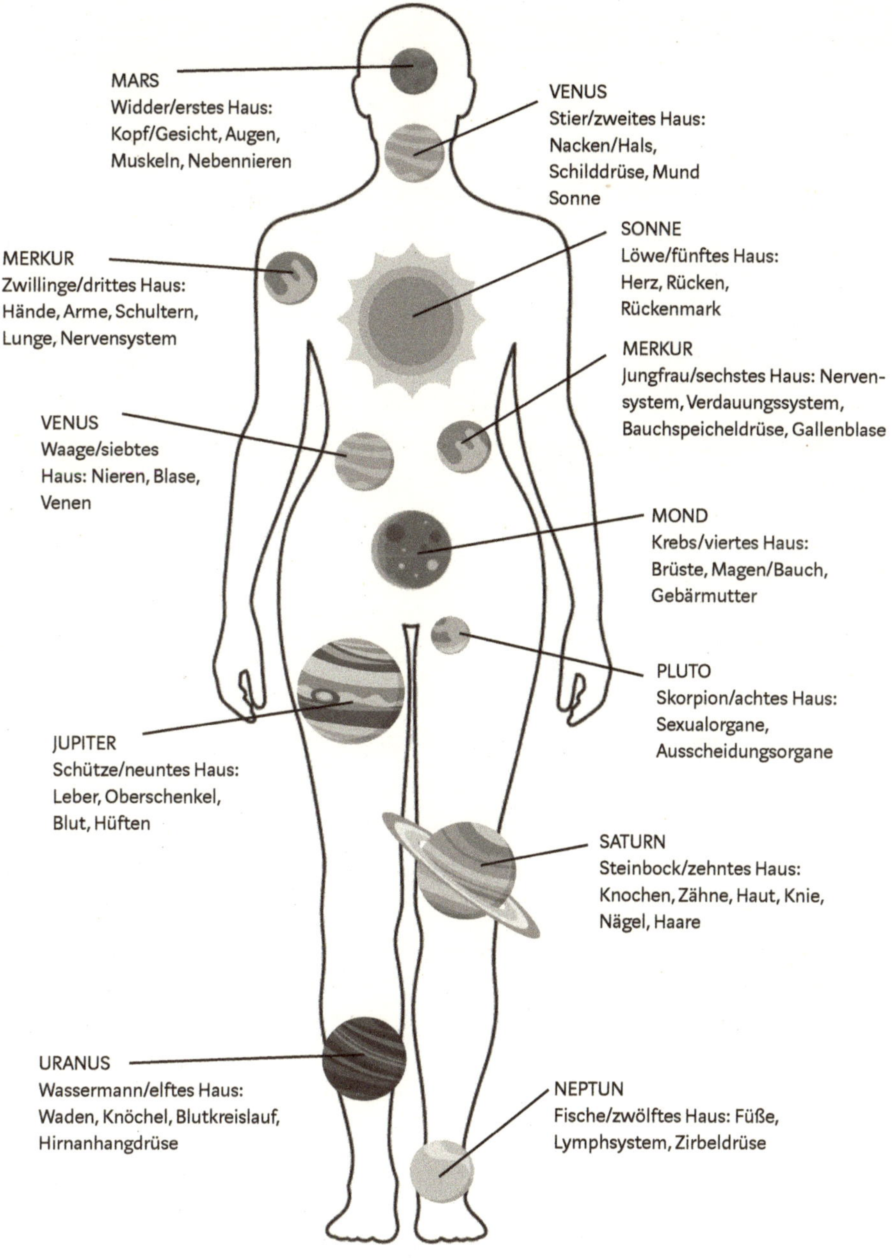
MARS
Widder/erstes Haus: Kopf/Gesicht, Augen, Muskeln, Nebennieren
VENUS
Stier/zweites Haus: Nacken/Hals, Schilddrüse, Mund Sonne
MERKUR
Zwillinge/drittes Haus: Hände, Arme, Schultern, Lunge, Nervensystem
SONNE
Löwe/fünftes Haus: Herz, Rücken, Rückenmark
MERKUR
Jungfrau/sechstes Haus: Nervensystem, Verdauungssystem, Bauchspeicheldrüse, Gallenblase
VENUS
Waage/siebtes Haus: Nieren, Blase, Venen
MOND
Krebs/viertes Haus: Brüste, Magen/Bauch, Gebärmutter
PLUTO
Skorpion/achtes Haus: Sexualorgane, Ausscheidungsorgane
JUPITER
Schütze/neuntes Haus: Leber, Oberschenkel, Blut, Hüften
SATURN
Steinbock/zehntes Haus: Knochen, Zähne, Haut, Knie, Nägel, Haare
URANUS
Wassermann/elftes Haus: Waden, Knöchel, Blutkreislauf, Hirnanhangdrüse
NEPTUN
Fische/zwölftes Haus: Füße, Lymphsystem, Zirbeldrüse

Hermes Trismegistos, Urvater der Alchemisten, dem die Tabula Smaragdina (die »Smaragdtafel«) zugeschrieben wird, behauptete, der menschliche Körper sei ein lebendiger Mikrokosmos des Universums. Er verband verschiedene Krankheiten mit den sogenannten Dekanen, der Unterteilung der Tierkreiszeichen in jeweils zehn Grad.

Ende des 20. Jahrhunderts entdeckte die kalifornische Homöopathin Dr. Michelle Levan einen Zusammenhang zwischen den astrologischen Sonnenzeichen (Sternzeichen) und bestimmten Krankheiten. Menschen, die im Sternzeichen Widder geboren sind, so fand sie heraus, leiden vermehrt unter Kopfschmerzen und sind anfällig für Kopfverletzungen. »Stiere« haben vermehrt Hals- und Schilddrüsenprobleme. »Zwillinge« neigen zu Erkrankungen des Nervensystems. »Krebse« bekommen öfters Magenbeschwerden und Geschwüre. »Löwen« sind anfällig für Herzbeschwerden und Leiden der unteren Wirbelsäule. Bei »Jungfrauen« betrifft das eher die Leber oder die Ausscheidungsorgane. »Waagen« neigen zu Nierensteinen. Bei »Skorpionen« sind Dickdarm und Geschlechtsorgane oft die Schwachstellen. »Schützen« leiden häufiger unter Ischialgien und Lebererkrankungen. »Steinböcke« unter Arthritis und Gallenblasenproblemen. »Wassermänner« haben gehäuft Kreislaufprobleme. Und »Fische« sind anfällig für Allergien, lymphatische Erkrankungen und Fußleiden.

Levans Ergebnisse bestätigen Zusammenhänge zwischen Astrologie und westlicher Astromedizin, die bestimmten Köperteilen und Organen einzelne Planeten, Tierkreiszeichen und Häuser (aus dem Horoskopkreis der zwölf Häuser) zuordnet. Auch wenn Astrologen uneins darüber sind, welchem Planeten nun genau die Herrschaft über welches Körperteil zukommt, sind die Entsprechungen, wie in der Abbildung auf Seite 25 dargestellt, weithin anerkannt.

A. T. Mann, Astrologe, Praktiker der Energiemedizin (der sogenannten Radionik) sowie Autor von *Astrology and the Art of Healing* war vermutlich der Erste, der eine Ähnlichkeit bemerkte zwischen den Mustern auf Rae-Karten (die in der Radionik-Therapie zur Schwingungsheilung verwendet werden) und einzelnen Konfigurationen in einem Horoskop. Indem er das Geburtshoroskop von Patienten auf die Kreise und Linien einer Rae-Karte übertrug, gelang es Mann, diese Patienten mit der Energie ihres eigenen Horoskops zu therapieren.

Astrologie und Chakras

Nach yogischen und östlichen Heiltraditionen hat jeder Mensch sieben Hauptchakren oder Lebensenergiezentren, die mit den Planeten, der Sonne und dem Mond verbunden sind. *Chakra* kommt aus dem Sanskrit und bedeutet »Rad« oder »Kreis«. Hellsichtige Menschen können die Chakren auch optisch wahrnehmen und beschreiben sie als sich drehende Lichtscheiben, die entlang der Wirbelsäule vom Steißbein bis hinauf zum Kopf laufen und sämtliche Vorgänge im Körper regulieren. (Genau genommen befinden sich die Chakren im ätherischen Körper, der den physischen Körper umgibt und durchdringt.) Sie dienen zudem als Eintrittspforte für Energien aus dem Kosmos in den menschlichen Körper.

In der Frage, welche Planeten mit welchen Chakren in Verbindung stehen, sind die Quellen uneins. Manchen Philosophien zufolge kann auch mehr als ein Planet ein bestimmtes Chakra beeinflussen. Die gebräuchlichste Zuordnung der Planeten zu den Chakren ist in der Abbildung auf Seite 28 dargestellt.

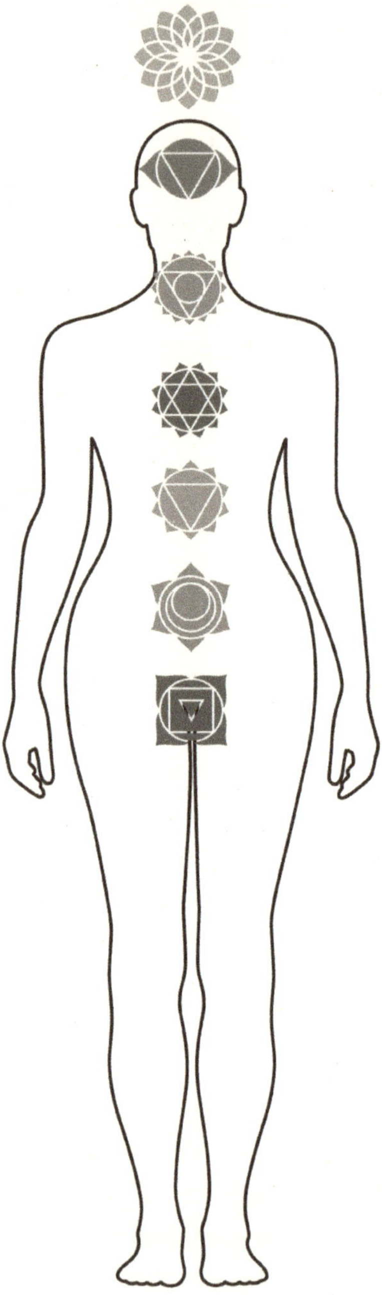
7. Kronen-Chakra Uranus
6. Stirn-Chakra
(Drittes Auge) Neptun
5. Hals-Chakra Merkur, Jupiter
4. Herz-Chakra Venus
3. Solarplexus-Chakra Sonne, Mars
2. Sakral-Chakra Pluto
1. Wurzel-Chakra Saturn

Körpertherapeuten und Energieheiler verbinden darüber hinaus auch die sieben Spektralfarben und die sieben Töne der Tonleiter mit den sieben Hauptchakren (mehr dazu in Kapitel 12).

Astrologie und Musik

Seit der Antike spielt Musik in nahezu allen Kulturen der Welt eine wichtige Rolle bei Ritualen, Feiern und spirituellen Praktiken. Die Kraft der Musik kann Trancen und andere veränderte Bewusstseinszustände herbeiführen, in der Meditation den Geist beruhigen oder aber die Aggressionsbereitschaft in der Schlacht erhöhen.

Die alten Chaldäer, denen wir viele wichtige Erkenntnisse der abendländischen Astrologie, wie sie heute Anwendung findet, zu verdanken haben, ordneten den sieben klassischen Planeten in unserem Sonnensystem die sieben Töne der Tonleiter zu und schufen damit eine Verbindung von Kosmos und Musik, die als »Sphärenmusik« bekannt ist. Jeder Planet »summt«, erzeugt also einen bestimmten Ton, der für feinfühlige Menschen hörbar ist. Schon der griechische Mathematiker Pythagoras entwickelte Theorien von der Musik der Sphären und mutmaßte, dass sich die verschiedenen Töne durch den Raum zwischen Erde, Sonne, Mond und Planeten bewegen, einen Zusammenklang bilden und so eine universale Harmonie der Sphären erzeugen.

Es heißt, viele der größten Komponisten, darunter Mozart, Händel, Bach und Beethoven, seien auf diese kosmische Musik eingestimmt gewesen, was der Grund dafür sein mag, dass ihre Kompositionen uns förmlich beflügeln und die Heilung von Körper und Geist befördern. Hochkomplexe Instrumente, entwickelt von der NASA, haben jüngst Töne und Geräusche von

Planeten aufgezeichnet, die durch deren elektromagnetische Schwingungen erzeugt werden.

Wie in den meisten Bereichen der Astrologie, so scheiden sich auch hier die Geister daran, welche Töne welchen Sternzeichen und Planeten zuzuordnen sind. Das folgende Modell wurde von Max Heindel entwickelt, einem dänisch-amerikanischen Astrologen und Gründer der *Rosicrucian Fellowship* (einer zu Beginn des 20. Jahrhunderts entstandenen Rosenkreuzergemeinschaft):

Sonne/Löwe:	A
Mond/Krebs:	Gis
Merkur/Zwillinge:	Fis
Merkur/Jungfrau:	Cis
Venus/Stier:	E
Venus/Waage:	Des
Mars/Widder:	D
Jupiter/Schütze:	E
Saturn/Steinbock:	G
Uranus/Wassermann:	A
Neptun/Fische:	B
Pluto/Skorpion:	E

Klangheiler arbeiten häufig mit diesen tonalen Schwingungen mit dem Ziel, den Körper wieder in Harmonie zu bringen. Das eigene Geburtshoroskop kann man sich als eine individuell komponierte Musik vorstellen, in der die Stellungen und Winkelbeziehungen der einzelnen Planeten zum Zeitpunkt der Geburt Akkorde, Riffs und Rhythmen bilden, die entweder melodisch oder disharmonisch sind. Lauschen Sie Ihrem Geburtslied, um Ihr körperliches und seelisches Gleichgewicht zu fördern oder zu Einsichten in Ihre persönlichen Lebensaufgaben zu kommen. Wie würde Ihr Horoskop klingen, wenn man es vertonen würde?

Astrologie und Sprache

Auch die Buchstaben und Wörter, die wir benutzen, um miteinander – und mit dem Schöpfer – zu kommunizieren, sind mit den Himmelskörpern verbunden. Wie der Astrologe Bill Whitcomb in *Magician's Companion* schreibt, verbindet die jüdische Mystik die sieben hebräischen Doppelbuchstaben mit der Sonne, dem Mond und den fünf Planeten, die der Erde am nächsten sind, und die zwölf einfachen Buchstaben mit den Tierkreiszeichen.

Sonne: Resh	☉ ר
Mond: Gimel	☽ גּ
Merkur: Beth	☿ b
Venus: Daleth	♀ ד
Mars: Pe	♂ פּ
Jupiter: Kaph	♃ כּ
Saturn: Tau	♄ תּ

Widder: He ♈ ה

Stier: Vau ♉ ו

Zwillinge: Zayin ♊ ז

Krebs : Cheth ♋ ש

Löwe: Teth ♌ ת

Jungfrau: Yod ♍ י

Waage: Lamed ♎ ל

Skorpion: Nun ♏ נ

Schütze: Samekh ♐ ס

Steinbock: Ayin ♑ א

Wassermann: Tzaddi ♒ ת

Fische: Qoph ♓ ק

Im druidischen Alphabet entsprechen die Konsonanten den Tierkreiszeichen und die Vokale den Planeten:

Sonne/Venus: U

Mond: A

Merkur: O

Jupiter: E

Saturn: I

Widder:	S
Stier:	H
Zwillinge:	D, T
Krebs:	C
Löwe:	Q
Jungfrau:	M
Waage:	G
Skorpion:	P (NG)
Schütze:	B, R
Steinbock:	L
Wassermann:	N
Fische:	F (V)

Auch im arabischen und griechischen Alphabet finden sich Verbindungen zwischen Astrologie und den Buchstaben:

Arabisches Alphabet:

Widder:	A, H
Stier:	Gh
Zwillinge:	Kh, Q
Krebs:	K, J

Löwe:	Sh, Y
Jungfrau:	L, N
Waage:	R
Skorpion:	D, T
Schütze:	S
Steinbock:	Z, Th
Wassermann:	Dh, F, B
Fische:	M, W

Griechisches Alphabet:

Sonne:	Rho
Mond:	Ypsilon
Merkur:	Beta
Venus:	Delta
Mars:	Pi
Jupiter:	Kappa
Saturn:	Tau

In der heutigen englischen Sprache finden sich nur sehr wenige Anhaltspunkte für eine Beziehung zwischen Astrologie und Alphabet, was daran liegen mag, dass Englisch eine neuere Sprache und eher mit der Geschäftswelt und Technologie verbunden ist als mit Spiritualität und Magie.

MAGISCHE ALPHABETE

Wörter oder Buchstaben aus alten Alphabeten werden in der magischen Praxis häufig verwendet. Arabische, koptische oder Sanskrit-Sprachen, aber auch viele andere, führen Sie aus der profanen Welt hinaus und in exotischere, mystischere Gefilde hinein, weil sie für gewöhnlich keine vorgeprägten inhaltlichen Assoziationen mit diesen Wörtern haben. »Magische Alphabete« können für Gesänge oder Rituale, aber auch auf Talismanen und Amuletten verwendet werden. Auch die Schriftzeichen des keltischen/druidischen Alphabets, das Ogham genannt wird, sowie die altnordischen Runen können als Orakel genutzt werden.

Dies sind nur einige Beispiele, anhand derer wir erkennen können, inwiefern sich die Sprache der himmlischen Landkarte auf der Erde widerspiegelt. In den folgenden Kapiteln werden wir mehr über die kosmischen Verbindungen in der Natur und im eigenen Selbst erfahren und erhellen, wie Sie selbst himmlische Kräfte und Energien für Ihre »magische Arbeit« nutzen können.

KAPITEL 2

IHR GEBURTSHOROSKOP IST IHRE VERBINDUNG ZUM KOSMOS

Wir sind zu einem gegebenen Augenblick, an einem gegebenen Ort geboren worden und wir besitzen, wie ein alter Weinjahrgang, die Qualität des Jahres und der Jahreszeit, die uns zur Welt kommen sah.

CARL GUSTAV JUNG

»Wie oben, so unten.« – Dieser Leitsatz zeigt sich in einem Geburtshoroskop besonders anschaulich. Ihr Geburtshoroskop ist ein zweidimensionales Abbild der Himmelssituation zum Zeitpunkt Ihrer Geburt, von Ihrem Geburtsort aus gesehen. Es zeigt die Positionen von Sonne, Mond, Planeten und anderen Himmelskörpern ebenso wie deren Beziehungen zueinander. Jeder Aspekt in diesem Horoskop hat eine astrologische Bedeutung und nimmt in vielfältiger Weise einen bestimmenden Einfluss auf Ihr Leben.

Ein »Geburtshoroskop« kann man für so ziemlich alles erstellen – für ein Unternehmen, eine Stadt, ein Land, ein Ereignis. Dabei gelten immer dieselben Regeln. Wenn Sie zum Beispiel

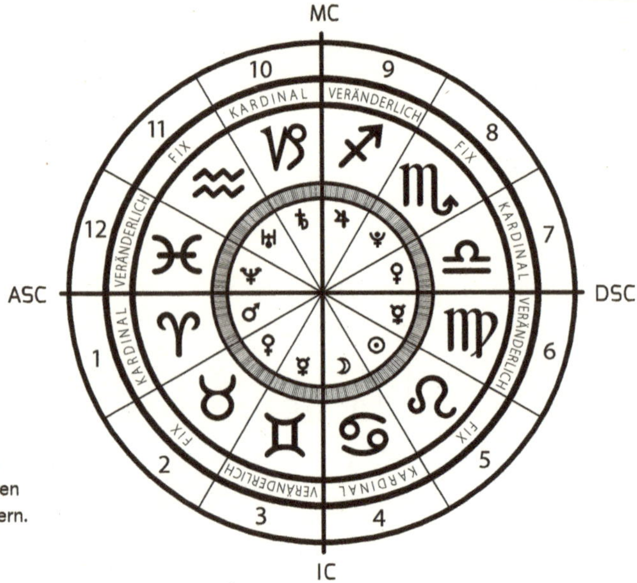

Der natürliche Tierkreis:
Er zeigt die Zeichen in ihren natürlichen Häusern mit ihren jeweiligen Planetenherrschern.

vorhaben, eine Firma zu gründen, berechnet ein Astrologe das Horoskop anhand von Zeitpunkt und Ort des geplanten Geschäftsstarts. Das Horoskop beschreibt die Eigenschaften, die die Firma von Anfang an prägen, ihre Stärken, Schwächen, Herausforderungen und Potenziale.

Innerhalb der Astrologie gibt es unterschiedliche Schulen. Für unsere Zwecke hier und die Frage, inwiefern die Himmelskörper das Leben auf der Erde beeinflussen, nutzen wir jedoch die klassische, geozentrisch orientierte westliche Astrologie, denn sie betrachtet die Erde (und damit auch den Menschen) als den Mittelpunkt des Universums.

Wir wollen uns anschauen, inwiefern die Himmelskörper einen unmittelbaren Einfluss auf uns Menschen und die Natur haben und welche künftigen Entwicklungen sich aus der Beobachtung ihrer Bewegungen ableiten lassen – in Bezug auf Ihr Horoskop und auf irdische Ereignisse. Zudem werden wir sehen, wie Sie diese astrologischen Energien, die subtilen Kraftquellen des Universums, für Ihre »magische Arbeit« nutzen können. Ein tieferes Verständnis für Ihr persönliches Geburtshoroskop, für die Zusammenhänge zwischen planetaren Energien und Symbolen, Pflanzen, Kristallen und Edelsteinen wird Ihnen helfen, das astromagische Wissen erfolgreich in die Praxis umzusetzen.

Beispiel für ein Geburtshoroskop: Je nach Zeitpunkt und Ort der Geburt stehen die Tierkreiszeichen in verschiedenen Häusern und die Planeten in verschiedenen Zeichen und Häusern. Welches Sternzeichen ein Mensch hat, bestimmt der Stand der Sonne in einem dieser zwölf Tierkreiszeichen zum Zeitpunkt seiner Geburt. Die Grafik zeigt die Sonne im Sternzeichen Schütze.

Die Astrologie ist ein altes, weites und komplexes Feld, viel zu groß, um es in einem einzigen Buch zu behandeln. Wer mit der Astrologie bislang weniger vertraut ist, findet mit den hier vorgestellten Grundlagen einen guten Einstieg für die Arbeit mit kosmischen Energien und lernt, sich selbst und seinen Platz im Kosmos besser zu verstehen. Zuvor allerdings sollten Sie sich Ihr Geburtshoroskop erstellen lassen, am besten von einem Astrologen, über eine Website oder App. Im Internet gibt es mittlerweile viele Seiten, auf denen Sie Ihr Horoskop schnell (und gratis) berechnen lassen können. Oder, besser noch, Sie kontaktieren einen professionellen Astrologen, der Ihnen Ihr Horoskop in einem persönlichen Gespräch erläutert.

Die Planeten

Die Planeten in einem Horoskop sind die treibenden Kräfte allen Geschehens. Von ihnen kommt die Energie, die Antriebs- und Handlungskraft. Sie gleichen Schauspielern auf einer Bühne, die das Drama des Lebens darbieten.

Der Einfachheit halber bezeichnen wir Astrologen auch die Sonne und den Mond oft als »Planeten«, obwohl das natürlich nicht korrekt ist. Genauso sprechen wir auch von der »Bewegung« der Sonne durch das Geburtshoroskop, wobei uns klar ist, dass die Sonne sich tatsächlich gar nicht bewegt. In Kapitel 6 und 7 komme ich auf die Himmelskörper und ihre Energien noch einmal ausführlicher zurück, möchte Ihnen vorweg aber mit folgenden Stichworten eine kleine Übersicht geben:

Sonne	☉	Identität, Selbstausdruck, bewusste Persönlichkeit, Ihre Rolle im gegenwärtigen Leben
Mond	☽	Emotionen, Unterbewusstsein, Haus- und Familienangelegenheiten, Vergangenheit
Merkur	☿	Kommunikation, mentale Orientierung, Kurzreisen
Venus	♀	Beziehungen, Liebe, Kreativität, Geld, Frauen
Mars	♂	Durchsetzungsvermögen, Aktion, körperliche Energie, Wünsche, Männer
Jupiter	♃	Erweiterung/Entfaltung, Glück, Fernreisen, höhere Einsichten
Saturn	♄	Begrenztheit, Verantwortung, Arbeit, Stabilität, Prüfungen/Herausforderungen
Uranus	♅	Wandel/Veränderung, unerwartete Ereignisse, unkonventionelle Wege
Neptun	♆	Spiritualität, Illusion, Phantasie, Auflösung, Opfer/Verzicht
Pluto	♇	Wandlungen/Übergänge, Macht, Verranntheit/Sucht, Ängste

Die Häuser

Die zwölf Häuser in einem Horoskop stehen für jeweils einen von zwölf Lebensbereichen einer Person, in denen sich die Ereignisse abspielen – zwölf Bühnen gleichsam, mit den Planeten als Schauspielern. Der Planet (oder die Planeten) und das Zeichen (oder mehrere davon), die in einem Haus stehen, zeigen an, welche Form von Energie in eben diesem Lebensbereich vorherrschend ist und wie ein Thema, das mit diesem Haus verbunden ist, gelebt wird.

Wenn Sie sich Ihr persönliches Horoskop oder die Abbildung auf Seite 39 anschauen, wird Ihnen auffallen, dass der Kreis in zwölf Abschnitte unterteilt ist – wie Pizzastücke. Diese Stücke nennt man »Häuser«. Die zwölf Häuser werden gegen den Uhrzeigersinn angeordnet, nummeriert und gelesen – beginnend mit dem ersten Haus in der Neun-Uhr-Position.

> Horoskope können auf verschiedene Arten gezeichnet werden. Die einzelnen Häuser sind normalerweise nicht gleich groß, werden der Einfachheit halber aber oft gleich groß dargestellt (wie in der Abbildung auf S. 18). Einige Astrologen bevorzugen Darstellungen, die die Häuser entsprechend ihrer tatsächlichen Größe zeigen, sodass einige Abschnitte größer sind als andere.

Ein Haus, das viele Planeten enthält (so wie in den Häusern 2 und 3 in unserem Beispiel), deutet auf einen besonders wichtigen Bereich in Ihrem Leben, in dem sehr wahrscheinlich besonders viele Ereignisse »ins Haus stehen«. Befinden sich beispielsweise Venus, Mars und Jupiter im fünften Haus, haben Sie möglicherweise viele wechselnde Liebschaften oder sind sehr kreativ. Ein leeres oder »unbesetztes« Haus bedeutet aber nicht, dass dieses

Haus bzw. die Themen, die mit diesem Haus verbunden sind, für Ihr jetziges Leben weniger wichtig sind. Ein leeres siebtes Haus heißt so nicht etwa, dass Sie niemals heiraten werden – es heißt lediglich, dass eine Heirat für Ihre persönliche Entwicklung in diesem Leben nicht unbedingt das Wichtigste ist.

Erstes Haus:	körperliches Erscheinungsbild, Persönlichkeit, das Bild, das Sie nach außen abgeben, der »erste Eindruck«
Zweites Haus:	materielle/finanzielle Mittel, Talente und Fähigkeiten, mit denen Sie Geld verdienen können, Werte, Sexualität
Drittes Haus:	Beziehungen zu Geschwistern und Mitmenschen, Kommunikation, frühkindliche Erziehung, unmittelbares Umfeld
Viertes Haus:	Sicherheitsgefühl, frühe Kindheit, Erbe, Beziehungen zu Eltern, Haus und Heim/Familie
Fünftes Haus:	Selbstausdruck/Entfaltung, Kreativität, Kinder, Liebesbeziehungen, Zeitvertreib/Freude/Genuss (worin investieren Sie Zeit und Liebe?)
Sechstes Haus:	Arbeit, Dienstleistung, Arbeitsbeziehungen, Gesundheit (insbesondere in Bezug auf Arbeit)
Siebtes Haus:	Heirat/Ehe/bedeutsame Liebesbeziehungen, Geschäftspartnerschaften, wichtige Ratgeber, private Verträge
Achtes Haus:	finanzielle Mittel eines Partners und/oder anderer Leute (Kredite oder Erbschaften), okkultes Wissen, Tod und Wiedergeburt
Neuntes Haus:	höhere Bildung, Religion/Spiritualität, Fernreisen, Medien/Veröffentlichungen, fremde Kulturen
Zehntes Haus:	Außendarstellung/Außenwirkung, Karriere, gesellschaftliche Stellung/sozialer Status
Elftes Haus:	Gruppenaktivitäten, Berufsverbände, Ziele und Zielsetzungen, Freunde, alles, was Sie ermutigt und bestätigt
Zwölftes Haus:	das Unbewusste, schlummernde Talente, Geheimnisse, Beendigungen/Auflösungen, unerforschte Wesensanteile, geheime Feinde, Selbstaufgabe

Die Übersicht mit Kurzbeschreibungen der Lebensbereiche, für die die Häuser jeweils stehen (s. links), soll Ihnen helfen, Ihr persönliches Horoskop besser zu verstehen. Es gibt viele Bücher über das astrologische Häusersystem. *Das astrologische Häusersystem – Das Spektrum der individuellen Erfahrung* von Dane Rudhyar oder *Das Buch der Horoskopsymbole* von Robert Hand, zum Beispiel, bieten wertvolle Erkenntnisse in die einzelnen Abschnitte eines Geburtshoroskops.

Achsenkreuz

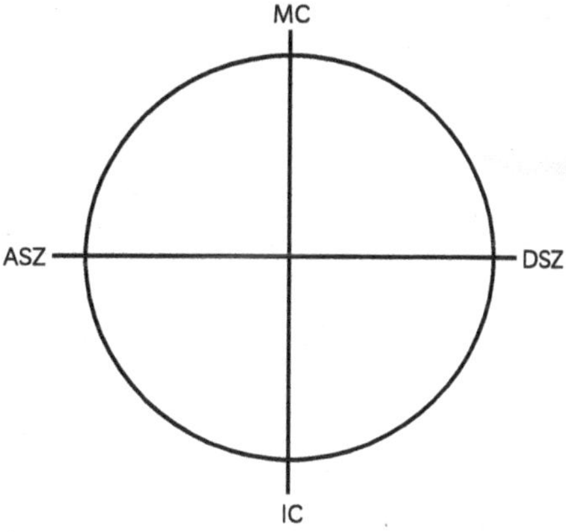

Werfen Sie noch einmal einen Blick auf Ihr Horoskop (oder nebenstehende Abbildung). Die beiden Achsen teilen den Horoskopkreis in vier Quadranten und legen vier Fixpunkte fest. Die Linien, welche die einzelnen Häuser voneinander trennen und so die Anfangspunkte der einzelnen Häuser markieren, werden als »Spitzen« oder »Häuserspitzen« bezeichnet (*cusp*). Die vier bedeutsamsten Spitzen sind die vier Fixpunkte: der Aszendent (die Spitze des ersten Hauses), das Imum coeli (die Spitze des vierten Hauses), der Deszendent (die Spitze des siebten Hauses) und das Medium coeli (die Spitze des zwölften Hauses).

Aszendent (ASZ):	»Ich«, Persönlichkeit, Wesenskern
Imum coeli (IC):	das Innere/persönliche Leben
Deszendent (DSZ):	»Du«, bedeutsame Partnerschaften/ Beziehungen
Medium coeli (MC):	äußerer Ausdruck/öffentliches Leben

Steht in Ihrem Horoskop die Sonne, der Mond oder einer der Planeten sehr nahe an einer der beiden Achsen? (In unserem Beispiel stehen Mars, Jupiter, Venus und Mond jeweils sehr nahe am MC, ASZ, IC und DSZ.) Wenn ja, wird dieser Planet in dem Bereich, der durch den jeweiligen Fixpunkt beschrieben ist, eine besondere Bedeutung in Ihrem Leben haben. Auch in der sogenannten prädiktiven Astrologie, der voraussagenden Astrologie, spielen diese beiden Achsen eine wichtige Rolle – wenn einer der Planeten eine der Achsen berührt, hat dies starke Auswirkungen auf die Bereiche, die mit dem jeweiligen Fixpunkt in Verbindung stehen.

DIE GAUQUELIN-STUDIEN

Eine der wohl umfangreichsten und genauesten Studien zur Bestätigung astrologischer Hypothesen hat der französische Psychologe und Statistiker Michel Gauquelin zusammen mit seiner Frau Françoise in den 1950er Jahren vorgelegt. Da Computerberechnungen damals noch nicht möglich waren, erstellten und analysierten die beiden Forscher 27 000 Geburtshoroskope von Hand, um zu prüfen, ob und inwieweit sich ein Zusammenhang zwischen der Berufswahl eines Menschen und den astrologischen Daten in seinem Geburtshoroskop erkennen und belegen ließ. Zu ihrer großen Überraschung fanden die Gauquelins heraus, dass die Positionen bestimmter Planeten in der Tat einen starken Einfluss auf die Berufswahl haben. So tauchte beispielsweise in den Geburtsdaten von Soldaten eine statistisch auffällige Häufung von Mars in einem bestimmten Abschnitt auf (heute als Gauquelin-Abschnitt bezeichnet), obwohl die statistische Wahrscheinlichkeit für dieses Zufallsereignis bei eins zu einer Million lag, in den Horoskopen von Profisportlern gar bei eins zu fünf Millionen. (mehr dazu in: *Kosmische Einflüsse auf menschliches Verhalten* von Dr. Michel Gauquelin).

Sternzeichen

Jeder von uns kennt sein Sternzeichen. Wir sagen zwar »Sternzeichen«, meinen genau genommen aber »Sonnenzeichen«. Wer also nach Ihrem Sternzeichen fragt, will wissen, in welchem Tierkreiszeichen die Sonne bei Ihrer Geburt gestanden hat. Die Sternzeichen geben den Energien und Bewegungen der Planeten ihre Farbe, oder anders gesagt: Die Sternzeichen sind die Kostüme, mit denen sich die Schauspieler (Planeten) durch die zwölf Bühnenbilder bewegen und das Drama des Lebens inszenieren.

Zodiakus bedeutet »Tierkreis«. In der westlichen Astrologie sind acht von zwölf Sternzeichen mit Tiersymbolen besetzt. Auch die chinesische Astrologie verwendet Tiersymbole, obgleich sich die beiden Systeme stark unterscheiden.

Die Sternzeichen sind in einem Kreis von Fixstern-Formationen (Sternbildern) dargestellt, durch den die Sonne, der Mond und die Planeten zu wandern scheinen, wenn wir von der Erde aus in den Himmel sehen. Der Tierkreis bildet also die Kulisse, durch die die Himmelskörper ihre Bahnen ziehen. Einstmals trugen die Sternbilder die gleichen Namen wie die astrologischen Sternzeichen, die man im Horoskop findet. Heute jedoch hat das eine mit dem anderen nicht mehr viel zu tun, was daran liegt, dass die Erde etwas »eiert«, wodurch sich die Position der Erde in Relation zur Sonne im Tierkreis jedes Jahr geringfügig verändert. Dadurch verschiebt sich die Erde vor der Kulisse der Sternbilder langsam, aber stetig nach hinten, und der Tierkreis scheint immer weiter vorzurücken, uns quasi vorauszugehen. Dieser Effekt wird Präzession genannt.

Skeptiker führen diese Tatsache bisweilen an, um die Gültigkeit oder Aussagekraft der Astrologie in Zweifel zu ziehen. Die meisten der westlichen Astrologen aber kommen zu dem Schluss, dass sich die Bedeutung der Zeichen durch diese Verschiebung nicht groß verändert. Steht die Sonne in Ihrem Horoskop beispielsweise in 10 Grad Widder, werden Sie Verhaltensweisen eines Widders zeigen, wenngleich die Sonne genau genommen im Sternbild Fische steht.

In Kapitel 8 erfahren wir mehr über die Typologie der zwölf Sternzeichen. In diesem Buch werden wir die Zusammenhänge zwischen den Tierkreiszeichen und dem Leben auf der Erde thematisieren und schauen, wie Sie selbst die Energie der Sternzeichen für Ihre »magische Arbeit« nutzen können.

Aspekte

Als Aspekte bezeichnen Astrologen bestimmte Winkelbeziehungen zwischen Planeten oder Planeten und sensitiven Punkten in einem Horoskop. Sie gelten als Energieverbindungen mit bestimmten Wechselwirkungen. Wenn zwei oder mehr Himmelskörper einen Aspekt zueinander bilden, beeinflussen sie sich gegenseitig in der Stärke ihrer Wirkung. Je näher sich der Aspekt der jeweiligen »Exaktheit« annähert (das heißt wie nahe er dem betreffenden Grad kommt), desto stärker ist die Beziehung der beteiligten Planeten zueinander und damit die Wirkung des Aspekts. Ein Horoskop, das viele Aspekte enthält, lässt auf eine Person mit einer komplexen Persönlichkeit schließen.

Aspekte, die zum Zeitpunkt Ihrer Geburt vorhanden sind, werden Sie Ihr Leben lang beeinflussen. Aspekte können aber auch vorübergehend während eines Transits entstehen, nämlich dann, wenn ein laufender Planet auf seiner Bahn um die Sonne (und damit durch den Tierkreis) eine Position erreicht, die eine Verbindung zu einem oder mehreren Planeten oder einem sensitiven Punkt in Ihrem Geburtshoroskop bildet. Wenn ein »durchreisender« Planet (Transitplanet) auf einen Ihrer Geburtsplaneten »trifft«, bringt er Dinge in Bewegung, stimuliert Emotionen und Ereignisse.

In einem Geburtshoroskop sind die Aspekte häufig durch farbige Linien gekennzeichnet, die die beteiligten Planeten miteinander verbinden – Rot für Quadrate und Oppositionen, Grün oder Blau für Trigone und Sextile. Hier eine Übersicht über die wichtigsten Aspekte:

☌	Konjunktion: Zwei oder mehrere Planeten stehen nahe beieinander. Ein Winkelabstand bis zu 7 Grad ist noch als Konjunktion zu werten. Die Konjunktion gilt als der stärkste Aspekt von allen und kann je nachdem, welche Planeten beteiligt sind, positiv oder negativ sein.
⚹	Sextil: Zwei oder mehrere Planeten stehen in einem Winkelabstand von ungefähr 53 bis 67 Grad zueinander. Das Sextil gilt als ein harmonischer Aspekt, und die beteiligten Planeten unterstützen sich gegenseitig in ihrer Wirkung.
□	Quadrat: Zwei oder mehrere Planeten stehen in einem Winkelabstand von ungefähr 83 bis 97 Grad zueinander. Das Quadrat gilt als problematischer Aspekt, der auf Spannungen zwischen den beteiligten Planeten deutet. Es ist aber auch ein starker Aspekt, der oft spontan zum Handeln auffordert – insbesondere während eines Transits –, um Spannungen abzubauen.
△	Trigon: Zwei oder mehrere Planeten stehen in einem Winkelabstand von ungefähr 113 bis 127 Grad zueinander. Das Trigon gilt als der harmonischste Aspekt. Die beteiligten Planeten verbinden ihre Energien und verstärken so ihre positive Wirkung.
⚻	Halbsextil/Quinkunx: Zwei oder mehrere Planeten stehen in einem Winkelabstand von ungefähr 147 bis 153 Grad zueinander. Das Quinkunx gilt als besonders problematischer Aspekt, da sich die unterschiedlichen Energien der beteiligten Planeten nur schwer miteinander verbinden lassen.
☍	Opposition: Zwei oder mehrere Planeten stehen in einem Winkelabstand von ungefähr 173 bis 187 Grad zueinander. Die Opposition ist ein herausfordernder Aspekt, da die Energien der betroffenen Planeten gegeneinander wirken und nicht vereinbar scheinen. Es kommt zu Freund-Feind-Projektionen, Konflikten oder zur Unfähigkeit, zwei einander widersprechende Facetten der eigenen Persönlichkeit fruchtbar zu entfalten.

Wie Sie Ihr Horoskop für die magische Arbeit nutzen können

Wir alle besitzen magische Kräfte und wir alle sind in der Lage, unsere Welt zu gestalten. Zu den wunderbaren Seiten der magischen Fähigkeiten gehört es, dass sie niemanden diskriminieren – es ist ganz egal, wie alt wir sind, woher wir kommen, ob Mann oder Frau, Groß oder Klein, Reich oder Arm. Ein offener Geist und der Wunsch, Ihr Leben selbst in die Hand zu nehmen, sind die einzigen Voraussetzungen, um Magie zu lernen und zu praktikzieren.

Ein kurzer Blick auf Ihr Geburtshoroskop zeigt, wo Ihre besonderen Talente, Fähigkeiten und Charaktereigenschaften liegen, die Sie in Ihrer magischen Arbeit zum Ausdruck bringen können. Ihr astrologisches Gefüge ebenso wie Ihre persönlichen Interessen, Ihre Ausbildung und Ihre Lebenserfahrung bestimmen, zu welcher Art von Magie Sie sich hingezogen fühlen und in welcher Weise Sie Ihre magischen Fähigkeiten nutzen wollen.

Haben Sie Sonne, Mond und einige andere Planeten im Löwen? Dann haben Sie eine temperamentvolle Persönlichkeit und verfügen über echte Führungsqualitäten. Wenn Sie Feiern ausrichten oder Rituale zelebrieren, werden Sie damit sicher auch Furore machen. Weist Ihr Geburtshoroskop einen starken Stier-Einfluss auf, steht zu vermuten, dass Sie einen magischen »grünen Daumen« haben sowie einen besonderen Sinn für pflanzliche Zauber- und Heilmixturen. Und unter einem starken Zwillinge-Einfluss finden Sie möglicherweise Gefallen am Chanting, an vielleicht auch gesungenen Worten und Affirmationen. Phantasievolle Fische haben oft einen guten Zugang zur Welt der Bilder (Visualisierungen) und verstehen sich hervorragend darauf, Kunst und Musik in ihre magische Arbeit einzubinden. Wassermänner lieben Gruppenaktivitäten, schließen sich womöglich einem Zirkel an oder wollen mit anderen Magikern zusammenarbeiten. Die häuslich orientierten Krebse hingegen zieht es eher in die heimische Küche, um magische Zaubertränke zu brauen.

Konzentriert sich ein Großteil der Planeten in der oberen Hälfte Ihres Horoskops – insbesondere nahe dem MC –, so kehren Sie Ihre Persönlichkeit vermutlich gerne nach außen, fühlen sich in der Öffentlichkeit wohl und möchten auch Ihre magische Arbeit vor größerem Publikum präsentieren. Konzentriert sich ein Großteil der Planeten hingegen in der unteren Hälfte Ihres Horoskops, sind Sie wohl eher ein zurückgezogener Mensch oder fühlen sich als Einzelgänger. Haben Sie auffallend viele Planeten in der linken Hälfte Ihres Horoskops, sind Sie tendenziell eigenmotiviert. Haben Sie hingegen auffallend viele Planeten in der rechten Hälfte, insbesondere nahe dem Deszendenten, arbeiten Sie bevorzugt mit anderen zusammen oder sind in unterstützender Funktion tätig. Spielen Sie Ihre Stärken aus!

DIE BEDEUTUNG DER STILLE

Wenn wir die feinen Schwingungen von Erde und Himmel gewahren und die Energieströme der diesseitigen und jenseitigen Welt erspüren wollen, um sie für magische Zwecke zu nutzen, müssen wir uns in die Stille begeben. Fokussierung und geistige Klarheit sind für magische Praktiken unerlässlich. So wie das atmosphärische Rauschen die Funkübertragung stört, stört das mentale Rauschen Ihre magischen Intentionen. In der Stille zu sein bedeutet auch, Fernseher, Telefon, Radio, Computer und anderen »Lärm« von außen immer mal wieder abzuschalten und ganz bewusst Zeit in einsamer Stille zu verbringen.

KAPITEL 3

MAGIE UND ASTROLOGISCHE ELEMENTE

Die vier Elemente der Astrologie (Feuer, Erde, Luft und Wasser) sind die Grundbausteine aller materiellen Strukturen und aller organischen Ganzheiten. Die Elemente stellen Grundformen von Energie und Bewusstsein dar, die in jedem von uns wirksam sind.

STEPHEN ARROYO

Unsere Welt besteht aus vier grundlegenden Energien oder »Elementen«, die die Bausteine des Lebens bilden. Wenn Astrologen von den Elementen sprechen, meinen sie nicht die chemischen Elemente im Periodensystem, sondern die archetypischen Eigenheiten, die allem Sein innewohnen. Aber auch wenn die vier Elemente Feuer, Erde, Luft und Wasser in der physischen Welt tatsächlich existieren, will ich mich im Rahmen dieses Buches mehr mit ihren Schwingungsenergien (Schwingungsessenzen) beschäftigen als mit ihren physischen Kräften.

Aus Sicht der praktizierenden Magiker schwingt alles im Einklang mit den Energiemustern einzelner oder mehrerer Elemente. Wir alle sind eine Kombination aus den in unserem Geburtshoroskop enthaltenen Elemente-Energien. Die zwölf Tierkreiszeichen, die wir in den vorangegangenen Kapiteln kurz besprochen haben, lassen sich entsprechend der vier Elemente in vier Gruppen zu je drei Sternzeichen aufteilen (mehr dazu in Kapitel 8).

Die vier Elemente sind ganz wesentliche Bestandteile der praktischen Magie wie auch der Astrologie. Sie begegnen uns im Tarot und bei den Ritualen und Zaubersprüchen der Magiker (mehr dazu in Kapitel 5).

In der mittelalterlichen Heilkunde begegnen sie uns in der Vier-Elemente-Lehre, wo sie ihre Entsprechungen in den vier Persönlichkeitstypen beziehungsweise Temperamenten haben: Sanguiniker, Phlegmatiker, Choleriker und Melancholiker. In der psychologischen Typenlehre nach C. G. Jung erscheinen sie als vier Charaktertypen: Intuition, Empfindung, Denken und Fühlen. Viele verbinden die vier Elemente auch mit den vier christlichen Evangelien oder den vier edlen Wahrheiten des Buddhismus.

In seinem Werk *Astrologie, Psychologie und die vier Elemente* schreibt der Astrologe Stephen Arroyo: »Ich stimme (…) darin überein, dass die vier Elemente nicht bloß ›Symbole‹ oder abstrakte Vorstellungen sind, sondern dass sie sich auf die vitalen Kräfte beziehen, aus denen sich die gesamte sinnlich wahrnehmbare Schöpfung zusammensetzt. (…) Die Elemente sind daher nicht nur die Grundlagen der Astrologie und der okkulten Wissenschaften, sondern sie umfassen alles, was wir normalerweise wahrnehmen und erfahren können.« Auf den folgenden Seiten werden Sie sehen, wie eng die Elemente als Ganzheit miteinander verbunden sind und wie kraftvoll sie jeden Aspekt irdischen Seins zum Ausdruck bringen.

Magiker arbeiten mit dem Ziel, die Kräfte und Energien von Himmel und Erde zu vereinen, um die gewünschten Ergebnisse hervorzubringen. Daher versuchen sie, sich auf die Energien der vier Elemente einzustimmen und zu verstehen, wie diese wirken, sowohl in der physischen als auch in der nicht-physischen Welt. Auch Sie werden von einer tieferen Einsicht in diese Kräfte und in die Art und Weise, wie sie in unserem täglichen Leben und im Universum ihre Wirkung tun, profitieren.

FEUER

Die Essenz des Elements Feuer lässt sich am besten begreifen, wenn wir sein himmlisches Pendant betrachten – die Sonne. Sie liefert die lebenspendende Wärme und das Licht, das wir Menschen zum Leben brauchen. Ohne die feurige Energie der Sonne würde nichts auf der Erde wachsen und gedeihen. Im esoterischen Sinne steht das Feuer für den Schöpfergeist, der alle Form belebt, zum Handeln bewegt und die Phantasie entzündet. Wie die Esoterikerin Kelynda in ihrem Buch *The Crystal Tree* schreibt, ist das Feuer »die Lebenskraft, die alles wachsen, blühen, sich vermehren und sterben lässt«.

DAS ELEMENT FEUER UND SEINE ZUORDNUNGEN

- Tierkreiszeichen: Widder, Löwe, Schütze
- Tarot: Stäbe
- Farben: Orange, Rot
- Zahlen: 1
- Symbolbild: nach oben weisendes Dreieck

Die Energie des Feuers ist aktiv, nach außen gerichtet und dynamisch. Feuer symbolisiert die rohe, unverbildete männliche

Kraft, die im Kosmos vorhanden ist, das Yang-Prinzip. Das Element Feuer wird mit (Wett)Kampf, Sport, sexueller Leidenschaft, künstlerischer Inspiration und heldenhaftem Mut verbunden. Menschen mit viel Feuer-Energie im Geburtshoroskop sind selbstbewusst, wagemutig, eigenständig, ichbezogen, kontaktfreudig, optimistisch, impulsiv, idealistisch, visionär und oft wenig alltagsorientiert veranlagt.

Feuer-Magie

Feuer-Magie kann mit physischem Feuer verbunden sein, wie etwa mit einem großen Fruchtbarkeitsfeuer beim rituellen Beltane-Fest (siehe Kapitel 9), oder mit den spirituellen, symbolischen Eigenschaften des Elements.

Da Feuer mit Inspiration und Kreativität assoziiert wird, können Künstler jedweder Couleur einen Feuer-Zauber nutzen, um ihre Talente und Fähigkeiten auszubauen oder sich selbst und ihre Arbeit weiterzuentwickeln. Sie können die stimulierende Wirkung des Elements kanalisieren, um Ihre Vitalität zu steigern, Hindernisse zu überwinden, Selbstvertrauen und Mut zu stärken oder um Leidenschaft und Lust anzuregen. Feuer wird zudem mit Reinigung assoziiert, weshalb Zauberformeln, Rituale und Praktiken, die Zerstörung und Erneuerung beinhalten, häufig die Energie des Feuers nutzen.

Das gängigste Hilfsmittel zur Verrichtung magischer Feuerrituale sind Kerzen. Jedes Mal, wenn Sie eine Kerze entzünden, laden Sie das Element Feuer zu sich ein. Das Gleiche gilt, wenn Sie während einer magischen Zeremonie ein großes Feuer entzünden, wie etwa ein Feuerrad beim Julfest zur Wintersonnenwende. Weitere Feuer-Zauber sind:

- Symbolischer Abschied: Lassen Sie negative Gedanken, alte Gewohnheiten oder unschöne Verhaltensweisen buchstäblich in Rauch aufgehen, indem Sie alles auf einen Zettel schreiben, den Sie anschließend verbrennen.
- Feuersprung: Vollziehen Sie ein uraltes Ritual, indem Sie über ein kleines Feuer springen, um den Funken der Kreativität in Körper oder Geist zu entzünden.
- Energetische Aufladung: Laden Sie Talismane, Amulette und andere magische Werkzeuge mit neuer Energie auf, indem Sie sie in die Sonne legen oder über Rauch halten.
- Reinigung: Verbrennen Sie Salbeiblätter, um einen geheiligten Ort zu reinigen.
- Wahrsagerei: Versenken Sie Ihren Blick tief in eine flackernde Flamme, um das Feuer-Orakel zu befragen.
- Elementarwesen: Arbeiten Sie mit nicht-physischen Wesenheiten, mit Feuersalamandern zum Beispiel, die als Botschafter des Elements Feuer gelten.

ERDE

Der Boden unter unseren Füßen, der uns ein stabiles Fundament und Nahrung bietet, ist ein treffendes Symbol für das Element Erde. Die Erde nährt und trägt uns – Mutter Erde ist unsere Heimat, Ursprung unseres Seins, ihr verdanken wir fortwährende Gaben. Der Mythologie zufolge wurden unsere menschlichen Körper aus ihrem Schlamm geformt. Viele Kulturen personifizieren die Erde daher als Urgöttin. In der griechischen Mythologie ist sie Gaia, die Erdgöttin, und indigene Völker der Anden verehren sie als Pachamama.

DAS ELEMENT ERDE UND SEINE ZUORDNUNGEN

- Tierkreiszeichen: Stier, Jungfrau, Steinbock
- Tarot: Scheiben oder Münzen
- Farben: Braun, Grau, Beige, Grün
- Zahlen: 4, 8
- Symboldbild: nach unten weisendes Dreieck mit horizontaler Linie durch die Mitte

Wir verbinden das Element Erde mit Sicherheit, Beständigkeit und Struktur, mit dem physischen Körper und der materiellen Welt. Die Erde ist das Element der Form – sie verkörpert den Geist und macht ihn sichtbar. Erde ist ein Element, das die weibliche Kraft, das Yin-Prinzip, symbolisiert. Die Energie der Erde zeigt sich in Prozessen, die Planung und schrittweise Entwicklung umfassen – im Wachstum von Pflanzen, in der Errichtung von Gebäuden, im alltäglichen Geschäftsbetrieb oder in finanziellen Unternehmungen. Menschen mit viel Erd-Energie im Geburtshoroskop sind praktisch veranlagt, sinnlich, eigensinnig, traditionsverbunden, vorsichtig, zuverlässig und planvoll.

Erd-Magie

Landwirte, Gärtner, Gartenbauer, Geologen und andere, die mit Land und Pflanzen zu tun haben, können Erd-Zauber für sich nutzen. Am Fruchtbarkeitsfest Beltane »segneten« die alten Kelten das Land und die fruchtbare Erde mit sexuellen Ritualen unter freiem Himmel, eine Form von lebensbejahender Magie, die dem Glauben nach die Fruchtbarkeit der Erde steigern soll.

Da wir das Element Erde mit Geld und materiellen Gütern verbinden, nutzen magische Rituale zur Mehrung von Wohlstand die Energie der Erde. Auch Heil-Zauber verwenden das Element Erde als wirksame Kraft, um auf physischem Wege Zuspruch und Trost zu spenden. Und wer nach Schutz, Sicherheit und Stabilität trachtet, kann ebenfalls einen Erd-Zauber wirken.

Für Erd-Zauber kann man Material nutzen, das das Element Erde zum Leben erweckt. Dazu gehören Ackerboden, Salz, Steine oder Pflanzen oder Dinge mit den spirituellen und symbolischen Eigenschaften dieses Elementes. Die gängigsten Utensilien für Erd-Zauber sind Kristalle und Edelsteine, aber auch Pflanzen-Energien sind äußerst geeignete Mittel, um Zauber zu wirken. Weitere Erd-Zauber sind:

- Stellen Sie Zaubertränke, Salben und Wickel aus Pflanzen und pflanzlichen Extrakten her, um körperliche Heilung zu fördern.
- Erbitten Sie die Hilfe der Naturgeister (der Devas) für ein gedeihliches Wachstum Ihrer Pflanzen in Haus und Garten
- Verwenden Sie Kristalle und Edelsteine, um Reichtum und Fülle sowie andere greifbare Dinge der materiellen Welt anzuziehen.
- Verwenden Sie Pflanzen oder Steine, um Schutz zu wirken.
- Verbringen Sie Zeit in der Natur, um sich mit ihr zu verbinden und Mutter Erde mit all ihren nichtmenschlichen Bewohnern zu ehren.

- Begleiten Sie die Zubereitung und den Verzehr Ihrer Speisen mit bestimmten Ritualen und danken Sie Mutter Erde für ihre reichen Gaben.
- Tanzen Sie einen heiligen oder spirituellen Tanz.
- Praktizieren Sie Sexualmagie.
- Arbeiten Sie mit nicht-physischen Wesenheiten, mit Gnomen (Erdgeistern) zum Beispiel, die als Botschafter des Elements Erde gelten.

LUFT

Das Element Luft umfasst die mentale Ebene, Ideen, Sprache und das abstrakte Denken. In seinem Werk *Astrologie, Psychologie und die vier Elemente* beschreibt der Astrologe Stephen Arroyo die Luft als »die Welt der archetypischen Ideen hinter dem Schleier der körperlichen Welt«. Wie der Wind, der ein passendes Symbol für dieses Element darstellt, ist Luft veränderlich, ohne Form und Gestalt, ruhelos und unmöglich zu fassen.

DAS ELEMENT LUFT UND SEINE ZUORDNUNGEN

• Tierkreiszeichen:	Zwillinge, Waage, Wassermann
• Tarot:	Schwerter
• Farben:	Gelb, Blau
• Zahlen:	5, 11
• Symbolbild:	nach oben weisendes Dreieck mit horizontaler Linie durch die Mitte

Das Element Luft, eine männliche Kraft, ein Yang-Prinzip, symbolisiert die aktive Orientierung nach außen. Es hat eine ungemein »menschliche« Energie und ist daher an zwischenmenschlichen Kontakten sowie jeglicher Form von Kommunikation beteiligt. So wie Samen und Pollen vom Wind aufgenommen und fortgetragen werden, um anderswo Wurzeln zu schlagen und aufzugehen, verbreiten sich Ideen in alle Welt, getragen von Handel und Sprache – beides Aktivitäten, die dem Element Luft zugeordnet sind. Nebenbei bemerkt: Die Tierkreiszeichen Zwillinge, Wassermann und Waage, die zu den Luftzeichen zählen, sind im Unterschied zu den meisten anderen nicht durch Tiere symbolisiert.

Unsere Gedanken und Gefühle gleichen Samen, die, einmal ins Universum ausgestreut, in der energetischen Matrix Wurzeln schlagen, uns mit allem im Kosmos verbinden und schließlich greifbar werden. Eins der wohl wichtigsten Dinge in der praktischen Magie ist daher die Disziplin der Gedanken. Schweifende, unkontrollierte Gedanken oder leere Sprüche können uns genauso beeinflussen wie alle anderen Gedanken. Je fokussierter und engagierter unsere Gedanken und Worte sind, desto mehr Kraft können sie entfalten.

Menschen mit viel Luft-Energie im Geburtshoroskop sind geistesverbunden, kontaktfreudig, mitteilsam, wissbegierig, verträumt, wechselhaft, erfinderisch und oft wenig praktisch veranlagt. Sie leben in einer Welt voller Ideen, die sich nicht immer auf materielle Realitäten übertragen lässt. Ihre Gedanken jedoch streuen den Samen für zukünftiges Wachstum – insofern sind sie geistige Avatare, die zu Entwicklungen inspirieren, von denen alle anderen letztlich profitieren.

Luft-Magie

Das Element Luft kommt praktisch in allen magischen Arbeiten zum Einsatz, denn es symbolisiert die Kraft der Gedanken und Phantasie. Auch das gesprochene Wort spielt in vielen magischen Zaubern und Ritualen eine wichtige Rolle – wir verwenden Affirmationen (bekräftigende Formeln), Beschwörungsformeln, Anrufungen sowie andere gesprochene oder geschriebene Zauberwörter, um Zugang zu dieser elementaren Energie für unsere magische Arbeit zu bekommen. Da das Element Luft mit zwischenmenschlichen Beziehungen verbunden ist, können Sie einen Luft-Zauber wirken, um Ihre Beziehungen mit anderen Menschen zu verbessern.

AFFIRMATION VS. BESCHWÖRUNG

Eine Affirmation besteht aus einer kurzen, prägnanten Wendung, die das gewünschte Ziel beschreibt. Sie ist positiv und in der Gegenwartsform formuliert, als wäre das gewünschte Ergebnis bereits Realität geworden. Ein Beispiel: »Ich bin glücklich, gesund und erfüllt in allen Bereichen meines Lebens.«

Eine Beschwörung ist eine formelhafte Affirmation, häufig in Reimform, aber nicht immer. Formulierung und Sprechtakt sind besonders eingängig und leicht zu merken. Beispiel: »Mein Leben reich / mein Tag voll Dank.«

Weitere Luft-Zauber sind:

- Visualisierungen
- Chanting und Gesang

LUFT-MAGIE ZUR HEILUNG EINER BEZIEHUNG

Wenn Sie jemanden aus den Augen verloren haben oder sich bei einer Person entschuldigen möchten, kann Luft-Magie den Graben überbrücken und die Kommunikation über spirituelle Kanäle auf der seelischen Ebene wieder in Gang bringen.

Entspannen Sie sich, beruhigen Sie Ihr Gemüt, schließen Sie die Augen und lenken Sie alle Aufmerksamkeit auf die bevorstehende Aufgabe.

Rufen Sie die betreffende Person beim Namen, und bitten Sie sie, Ihnen Gehör zu schenken. (Wenn Sie das Gefühl haben, dass der Zeitpunkt nicht richtig ist, bitten Sie um eine neuerliche Gelegenheit). Visualisieren Sie die Person am Ende einer Straße, während Sie selbst am Anfang der Straße stehen. Stellen Sie sich dann vor, wie Sie die Straße entlanggehen, auf die Person zu, während Sie jeden Schritt ganz bewusst und mit wachen Sinnen für jedes Detail gehen.

Auf Ihrem Weg bemerken Sie eine Reihe von Hindernissen – Steine, abgebrochene Äste, Schnee, überflutete Stellen. Diese Hindernisse symbolisieren die Probleme oder Situationen, die Sie beide voneinander trennen. Wann immer Sie auf Ihrem Weg auf ein Hindernis treffen, visualisieren Sie einen starken, heilsamen Wind, der es aus dem Weg bläst, damit Sie weitergehen können. Wenn Sie vorhaben, sich bei jemandem zu entschuldigen, dem Sie Schaden zugefügt haben, sprechen Sie bei jedem Hindernis auf Ihrem Weg laut ein Wort der Entschuldigung aus.

Wenn alle Hindernisse zwischen Ihnen und der Person am Ende der Straße aus dem Weg geblasen sind, sind Sie am Ziel und stehen der Person gegenüber. Überbringen Sie ihr Ihre Botschaft, und achten Sie auf die Reaktion. Bedanken Sie sich dafür, dass sie Ihnen zugehört hat.

Öffnen Sie die Augen in der Gewissheit, dass Ihre Botschaft gehört wurde.

- Entwickeln Sie magische Symbolschriften, sogenannte Sigillen (siehe Kapitel 10).
- Ziehen Sie einen magischen Kreis, und beschwören Sie das Element Luft, indem Sie es für jedes Viertel einzeln anrufen.
- Entzünden Sie Räucherwerk, um Botschaften in die spirituelle Welt zu senden.
- Rufen Sie Gottheiten bei ihrem Namen herbei.
- Führen Sie ein Zauberbuch (ein Grimoire) oder ein Buch der Schatten.
- Kommunizieren Sie auf der spirituellen Ebene.
- Hängen Sie Gebetsfahnen auf.
- Arbeiten Sie mit nicht-physischen Wesenheiten, mit Sylphen (Luftgeistern) zum Beispiel, die als Botschafter des Elements Lufts gelten.

WASSER

Zum Element Wasser zählen Emotionen, Träume, Geheimnisse, Intuition und Phantasie. Wie sein reales Äquivalent ist Wasser flüssig und in ständigem Wandel begriffen. Die Energie des Wassers kann ruhig sein, aber auch turbulent – wie das Meer. Sie kann uns Auftrieb geben oder in den Abgrund reißen. Das Element Wasser verbindet uns mit anderen Menschen und ermöglicht es uns, auf äußere Reize zu reagieren. Es nährt uns körperlich ebenso wie geistig, denn ohne Wasser würde so gut wie alles Leben auf der Erde erlöschen. Die Astrologin Liz Greene schreibt in ihrem Werk *Sag mir Dein Sternzeichen und ich sage Dir, wie Du liebst*: »Astrologisch gesehen, ist das Element Wasser das geheimnisvollste aller Elemente ... von der rationalen Welt am weitesten entfernt.«

DAS ELEMENT WASSER UND SEINE ZUORDNUNGEN

- Tierkreiszeichen: Krebs, Skorpion, Fische
- Tarot: Kelche
- Farben: Dunkelblau, Meergrün, Violett
- Zahlen: 2, 9
- Symboldbild: nach unten weisendes Dreieck

Wasser ist ein Element, das die weibliche Kraft, das Yin-Prinzip, symbolisiert. Menschen mit viel Wasser-Energie im Geburtshoroskop sind sensibel, beeinflussbar, intuitiv, verschlossen, mitfühlend, wechselhaft, phantasievoll und oft unpraktisch veranlagt.

Wasser-Magie

Weil wir Intuition und Emotion mit dem Element Wasser verbinden, kommt es in den meisten magischen Praktiken zum Einsatz, in Form von reinem Wasser oder anderen Flüssigkeiten. Zur Wasser-Magie zählen das Brauen von Zaubertränken oder das Kochen von Suden und Tees. Channeling und Wahrsagerei sind ebenfalls verbreitete Methoden, um sich das Element Wasser zunutze zu machen.

Es ist beteiligt an Emotionen und Beziehungen, weshalb es in magischen Liebeszaubern eine besondere Wirksamkeit entfalten kann. Künstler, Musiker, Heiler und alle, die ihre kreativen oder intuitiven Fähigkeiten stärken oder weiterentwickeln wollen, können einen Wasser-Zauber für sich nutzen. Da Wasser mit Reinigung assoziiert wird, kommt es in Reinigungsritualen besonders häufig zum Einsatz. Weitere Wasser-Zauber sind:

- Nehmen Sie ein rituelles Bad.
- Befragen Sie das Wasser-Orakel.
- Betreiben Sie Traumarbeit.
- Praktizieren Sie mediales Heilen.
- Verbinden Sie sich mit höheren Sphären und spirituellen Wesenheiten.
- Begleiten Sie Rituale und Zauberformeln mit Musik.
- Arbeiten Sie mit nicht-physischen Wesenheiten, mit Undinen (Wassergeistern) zum Beispiel, die als Botschafter des Elements Wassers gelten.

Deutung der Elemente als Traumsymbole

Die vier Elemente begegnen uns regelmäßig in unseren Träumen. Das Traumsymbol Feuer steht für die Urkraft des Lebens, für Verlangen und Leidenschaft. Achten Sie darauf, in welcher Form das Feuer erscheint und in welchem Zusammenhang es mit anderen Traumsymbolen steht. Ein knisterndes Feuer im Kamin steht für Wärme, Behaglichkeit und Fürsorge, ein höllisches Inferno könnte ein Hinweis auf unkontrollierte, alles verschlingende Leidenschaften sein – insbesondere, wenn Ihr Zuhause (als Symbol Ihres Lebens) in Flammen aufgeht.

Das Traumsymbol Erde kann auf verschiedene Dinge hindeuten, je nachdem, in welcher Form es erscheint und in welchem Zusammenhang es mit anderen Traumsymbolen steht: auf das Fundament (den Boden unter Ihren Füßen), auf Nahrung und Nährboden (Mutter Erde) oder auf die physische und materielle Welt. Ist die Erde in Ihrem Traum reich und fruchtbar? Oder ausgedörrt und unfruchtbar?

Das Traumsymbol Luft zeigt sich oft darin, dass Sie fliegen, sich frei durch die Luft bewegen oder dass Sie auf einem hohen Gebäude, einer Brücke oder Klippe stehen. Das Element Luft ist verbunden mit geistiger Aktivität. Wenn Sie also davon träumen, in einem Flugzeug zu fliegen oder wie ein Vogel aus eigener Kraft durch die Lüfte zu gleiten, kann dies ein Hinweis darauf sein, dass Sie sich losgelöst fühlen – von der materiellen Welt, Ihrem Körper oder Ihrem physischen Empfinden. Ein leichter Wind könnte auf neue Gedanken und Ideen deuten, ein Wirbelsturm auf Stress als Folge einer seelisch-geistigen Überforderung.

Das Element Wasser symbolisiert Ihre Gefühlswelt. Häufige Traumbilder sind Seen, Meere oder Schwimmbecken. Dabei beschreibt der Zustand des Wassers Ihre emotionale Befindlichkeit oder die Beschäftigung mit den eigenen Gefühlen. Ist das Wasser klar und einladend? Trüb, aufgewühlt oder kalt? Schwimmen Sie fröhlich darin? Lassen Sie sich vom Wasser tragen? Haben Sie Angst hineinzuspringen? Oder vom Sog des Strudels in die Tiefe gezogen zu werden? Oder quält Sie das Gefühl, dass »alles über Ihnen zusammenschlägt«?

All diese Traumerfahrungen und Traumbilder in einem Traumtagebuch festzuhalten kann eine wertvolle Hilfe dabei sein, die Geschehnisse in Ihrem Leben und die Botschaften Ihrer Seele jederzeit nachzuvollziehen und besser zu verstehen. Gut möglich, dass Sie dabei auch Verbindungen zwischen dem astrologischen Tierkreis und Ihren Träumen erkennen.

Elementarwesen

Auch wenn wir sie nicht wirklich sehen können, teilen nicht-physische Wesenheiten, sogenannte Elementarwesen oder Elementargeister, unsere Welt mit uns. Sie begegnen uns oft in Märchen und Mythen, aber es wäre falsch, sie als bloße Fabelwesen abzutun. Gelegentlich werden sie auch als Naturgeister beschrieben; aber egal wie sie auftauchen, ich selbst stelle sie mir gerne als Botschafter der vier Elemente vor (Feuer, Erde, Wasser, Luft). Sie beherrschen, bewahren und nutzen die Eigenschaften ihres Elements, leben und zeigen sich darin.

Elementarwesen können Ihnen helfen, sich mit den Kräften der Natur zu verbinden, um lebendige Elementar-Energien aufzunehmen und sie für Ihre magischen Rituale verwenden zu können. Allerdings dürfen wir nicht vergessen, dass Elementarwesen keine moralisch-ethischen Prinzipien haben wie wir. Vielmehr neigen sie dazu, unmoralisch zu sein, Sie hinters Licht zu führen oder Ihnen gar Schaden zuzufügen, wenn Sie sie nicht mit Respekt behandeln. Nehmen Sie diese Wesen also ernst! Sprechen Sie höflich mit ihnen. Und danken Sie ihnen stets für ihre Hilfe.

Feuersalamander

Laut Paracelsus, Mystiker und Arzt der Renaissance, laufen Feuersalamander wie Feuerbälle oder brennende Wellen über den Boden. Feuergeister, so sagen hellsichtige Menschen, zeigen sich häufig in Gestalt von Echsen. In der Mythologie treten sie oft als Drachen oder andere feuerspeiende Wesen in Erscheinung. Thomas Bulfinch erwähnt in *Bulfinchs Mythologie*, dass Stoffe aus Salamanderhaar nicht brennen. Wer genau hinschaut, kann diese Wesen in einer Kerzenflamme oder einem rituellen Feuer tanzen sehen.

Als Botschafter aus dem Reich des Feuers können Feuersalamander helfen, das Element Feuer für magische Rituale zu nutzen, um Mut, Leidenschaft, Begeisterung oder Lebensfreude zu entzünden. Bitten Sie diese Wesen, Ihnen eine extra Portion Mut und Stärke zu schenken, wenn Sie sich gegen Konkurrenten behaupten müssen oder wenn Sie das Feuer der Liebe zum Lodern bringen wollen. In Zaubersprüchen können sie als »Schutzkrieger« dienen – man denke nur bildlich an die Gargoyle aus der Zeit der Gotik, wasserspeiende Gestalten, die auf Burgmauern hocken, um Eindringlinge abzuwehren.

Gnome

In der Mythologie erscheinen Gnome als Trolle, Elfen, Zwerge und Kobolde. Ganz sicher kennen Sie noch das Märchen *Schneewittchen und die sieben Zwerge*? Als Erdgeister bewachen sie Elemente der Erde wie Metalle, Kristalle, Edelsteine und Pflanzen. Der Name *Gnom* kommt wahrscheinlich vom griechischen Wort *Geonomos*, was »Erdbewohner« bedeutet. Der Legende zufolge wohnen die zwergenhaften Erdgeister in Höhlen oder unterirdischen Bauten, wo sie Gold, kostbare Steine und andere Reichtümer horten. Als Hüter der Erde sorgen sie für die Beständigkeit und Fruchtbarkeit unserer Erde. Sie sind des Gärtners liebste Helferlein, weshalb wohl öfter der ein oder andere Gartenzwerg aus Blumenbeeten herausschaut.

Wenn Sie die Gunst der Zwerge für sich gewinnen, helfen sie Ihnen bei Zaubern für finanziellen Wohlstand, denn sie sind

Reichtum und materiellen Dingen sehr zugetan. Diese emsigen, pragmatischen Elementargeister können dabei helfen, Schutzgrenzen zu ziehen, geschäftliche und finanzielle Angelegenheiten zu stabilisieren oder die Entschlusskraft angesichts schwieriger Aufgaben zu stärken. Auch in magischen Ritualen für Schutz und Sicherheit sowie Reichtum jeglicher Art können Sie die Hilfe und den Beistand der Gnome erbitten.

Undinen

Undinen sind Wassergeister, die sämtliche Gewässer der Erde bewohnen. Aus der Mythologie kennen wir sie vor allem als Meerjungfrauen. In unserer Vorstellung sind es meist wunderschöne junge Frauen mit einem schuppenbedeckten Fischschwanz, obgleich die Legenden sie in vielerlei Gestalt beschreiben – von winzigen Wesen mit blaugrüner Haut bis hin zu geheimnisvollen Selkies, sogenannten »Robbenwesen«. Die alten Griechen ordnen sie nach der Art des Gewässers, das sie bewohnen – Salzwasser, Süßwasser, Meere, Seen, Flüsse, Quellen oder Brunnen. (Mehr über Undinen im Wandel der Zeiten finden Sie in meinem Buch *Mermaids – The Myths, Legends, and Lore.*)

Undinen walten über alle Gewässer unserer Erde und alles Leben darin. Sie sind wechselhaft wie das Meer, mal sanft, mal stürmisch in schnellen Übergängen, insbesondere, wenn sie sich nicht gewürdigt fühlen. Wenn Sie still an einem See oder Bach verweilen und Ihren Blick versenken, zeigen Sie sich möglicherweise als strudelförmige Wirbel oder große, flache Blasen auf der Wasseroberfläche.

Diese wunderschönen Wesen sind empfindsam und sehr empfänglich für emotionale Befindlichkeiten. Wenn Sie einen Liebeszauber wirken wollen, stehen sie Ihnen gerne zur Seite. Und sie helfen bei allen kreativen und künstlerischen Tätigkeiten, denn sie schätzen alles Schöne, Kunst und Musik, stärken Intuition und Phantasie.

Laden Sie diese magischen Wesen zu einem rituellen Bad oder anderen Reinigungsritualen ein.

Seit jeher sind die Menschen auf der ganzen Welt fasziniert von Meerjungfrauen, Nymphen, Nixen und anderen Wassergeistern. Seefahrer brachten ihnen Opfergaben dar, um ihren Schutz und Beistand zu erbitten. Wir wissen nicht genau, warum schon so viele Menschen sie gesehen haben wollen. Vielleicht hängt es an Veränderungen in der Atmosphäre oder energetischen Mustern. Oder es liegt am erweiterten Wahrnehmungsvermögen einzelner Menschen, dass diese geheimnisvollen Wesen der Wasserwelt sich immer wieder zeigen.

Sylphen

Sylphen sind dem Element Luft zugeordnet. In der Mythologie sind sie oft als zierliche, geflügelte Wesen dargestellt, die auf den Winden gleiten. Wir verbinden sie meist mit dem Bild von Elfen und Feen. Manchmal erscheinen sie als winzige, funkelnde Lichtpunkte, wie Glühwürmchen. Der Name Sylphe kommt vom altgriechischen *silphe* und bedeutet so viel wie »tanzende Frau«. Diese zarten Wesen beeinflussen die Winde, helfen beim Atmen und reinigen die Luft von Verschmutzungen.

Als Botschafter des Elements Luft helfen Sylphen bei jeglicher Form der Kommunikation und intellektueller Betätigung. Eine Möglichkeit, sich mit ihnen zu verbinden, bieten Atemübungen aus dem Yoga. Laden Sie die Sylphen ein, um Affirmationen und Beschwörungsformeln zu finden. Die zarten Wesen schenken ihre Energie gerne für gesprochene oder geschriebene Zaubersprüche. Wollen Sie in einer Prüfung glänzen? Einen Roman zu Ende schreiben? Einen vorteilhaften Vertrag aushandeln? Holen Sie den Rat der Sylphen ein!

Es ist wichtig, sich mit den Naturgeistern gut zu stellen, denn ihre Fähigkeit, Gutes oder Böses zu wirken, ist nicht zu unterschätzen. Treten Sie ihnen stets respektvoll entgegen. Machen Sie ihnen Geschenke, um ihre Hilfe zu würdigen. Entzünden Sie hellrote oder goldene Kerzen zu Ehren der Feuersalamander. Vergraben Sie ein kleines, glitzerndes Schmuckstück, um einem Gnom Ihre Dankbarkeit zu erweisen. Geben Sie ein paar Tropfen ätherisches Öl in ein Gewässer, um den Undinen zu danken. Stellen Sie eine Vase mit frischen Blumen auf Ihren Hausaltar, um die Sylphen zu erfreuen. Und ganz wichtig: Begegnen Sie allen Dingen und Wesen in der Natur stets mit Wohlwollen, Ehrfurcht und Respekt!

KAPITEL 4

RITUELLES ARBEITEN MIT DEN ELEMENTEN

Astrologie ist einer der frühesten Versuche der Menschheit, die Ordnung hinter oder in dem offenbaren Chaos dieser Welt zu finden.

KAREN HAMAKER-ZONDAG

Alle Kulturen und Länder, alle Religionen und spirituellen Lehren haben über alle Zeiten hinweg Rituale entwickelt, um uns zu führen und zu leiten, von Geburt an bis zum Tod, dazwischen und darüber hinaus. In der Geschichte der Menschheit galten die wichtigsten Rituale schon immer den Schwellen des Lebens wie Geburt, Erwachsenwerden, Heirat und Tod. Mit einer Taufe oder einer vergleichbaren Feier markieren wir den Beginn des spirituellen Wegs am Lebensanfang. Mit einer Schulabschlussfeier zelebrieren wir den Übergang eines jungen Menschen in die Erwachsenenwelt. Oder wir feiern den Übergang in den Ruhestand, in das Reich der Älteren. Geburtstage, Feiertage und Jahrestage, von denen viele in einem astrologischen Kontext stehen, bieten weitere Gelegenheiten, um Rituale zu begehen.

Auch im Alltag pflegen wir unsere kleinen, persönlichen Rituale, von der morgendlichen Tasse Kaffee bis zum Abschließen der Haustür am Abend.

Vertraute Rituale helfen uns, mit Verlust, Angst und Ungewissheit umzugehen. Wenn Menschen in ein Land einwandern, bringen sie die Rituale ihrer Heimat mit. Rituale fokussieren den Geist und wirken beruhigend, was ein Grund dafür ist, dass viele Sportler vor einem Wettkampf oder Musiker vor einer Aufführung bestimmte Rituale durchführen. Francesca Gino und Michael I. Norton schreiben in ihrem Artikel »Warum Rituale wirken« in der Zeitschrift *Scientific American*: »Auch wenn keine direkte, kausale Verbindung zwischen einem Ritual und einem gewünschten Ergebnis offensichtlich ist, scheinen Rituale, deren Durchführung auf ein bestimmtes Ergebnis abzielt, auszureichen, um dieses Ergebnis tatsächlich zu erreichen.«

Tägliche Rituale verankern uns in der physischen Welt und bieten eine Art Kompass, um Ordnung und Ruhe zu schaffen in einer Umgebung, die oftmals chaotisch erscheint.

Kulturelle Rituale verbinden uns mit unseren Wurzeln. Spirituelle Rituale entführen uns aus unserem irdischen Dasein und lassen uns die Einheit mit dem Göttlichen erfahren.

Magische Rituale

Rituale spielen auch in der Magie eine wichtige Rolle. Sie fokussieren den Geist – und im Geist spielt sich die Magie weitgehend ab. Das gewünschte Ergebnis zu visualisieren ist der erste Schritt, um einen Zauber zu wirken oder eine andere magische Handlung zu vollführen. Die sorgsam choreografierten Schritte eines Zaubers zu befolgen verankert Sie im Hier und Jetzt, wo Kreativität entsteht. So können Sie Ihre Gedankenkraft minuziös bündeln, damit sich das beabsichtigte Resultat manifestieren kann. Ein Ritual zu zelebrieren erhöht die magische Kraft – insbesondere, wenn Sie mit einer Gruppe Gleichgesinnter zusammenarbeiten. Rituale heben uns über die irdischen Sphären hinaus in die mystische Welt. Ihre eigenen Energien verbinden Sie dort mit denen Energien der anderen, um die gewünschten Ergebnisse in der manifesten Welt zu erwirken.

Führen Sie ein Zauberbuch oder ein Buch der Schatten, um nicht nur Zauberformeln, Rituale und andere Praktiken festzuhalten, sondern auch, um Ihre Ideen und Einsichten real werden zu lassen, indem Sie sie zu Papier bringen. Ein Buch der Schatten dient vielerlei Zwecken: Es hält wichtige Ereignisse, Erfahrungen und Einsichten fest; es dokumentiert, was in Ihren magischen Ritualen gut oder weniger gut geklappt hat; es bietet einen Pfad, den möglicherweise auch andere künftig beschreiten können; es öffnet die Tür zu einem tieferen, besseren und wahrhaftigeren Verständnis für sich selbst, Ihre magischen Rituale und Ihre Beziehung mit dem Universum.

Die Elemente und die vier Himmelsrichtungen

Zu den häufigsten Ritualen unter praktizierenden Magikern gehört das Ziehen eines magischen Kreises. Da es innerhalb der Magie verschiedene Schulen und Lehren gibt, können auch magische Kreise auf verschiedene Weisen gezogen werden. Ein einfacher Ansatz besteht darin, sich vorzustellen, Ihr Ritualraum sei von einem hellen, weißen Licht umgeben. Andererseits gibt es auch komplexe Abfolgen von bestimmten Bewegungen oder rituellen Formeln, bei denen magische Gegenstände zum Einsatz kommen.

Der Kreis bildet eine magische Schutzgrenze, die verhindert, dass negative Energien in Ihren Ritualraum eindringen und Ihre magische Arbeit stören. Zugleich sorgt er dafür, dass die gesammelte Kraft, die Sie während des Rituals aufbauen, im Kreis verbleibt, bis Sie bereit sind, den Kreis zu öffnen und die Energie in die manifeste Welt zu entlassen.

Da ein Kreis ein Symbol für Einheit und Ganzheit ist, bringt er auch die Menschen der Gruppe zusammen, die das Ritual gemeinsam vollziehen. Wenn Sie in einem Kreis stehen, können Sie alle anderen ringsum sehen und Ihre Verbindung zum Ganzen erspüren.

In allen beschriebenen Ritualen beginnt das Kreisziehen im Osten, dort, wo die Sonne aufgeht. Von dort aus bewegen oder drehen Sie sich im Uhrzeigersinn nacheinander nach Süden, Westen und Norden, bis Sie wieder im Osten anlangen, wo der Kreis sich schließt (Sie müssen den Kreis nicht unbedingt real markieren, Sie können ihn auch visualisieren oder mit einem Stab oder ausgestreckten Finger ziehen). Jede der vier Himmelsrichtungen steht für eines der vier Elemente.

Osten: Luft

Süden: Feuer

Westen: Wasser

Norden: Erde

Markieren Sie die vier Himmelsrichtungen mit Gegenständen, die ihnen zugeordnet sind, zum Beispiel mit einer Feder im

Osten (Luft), einer Kerze im Süden (Feuer), einer Schale Wasser im Westen (Wasser), einem Stein im Norden (Erde). Alles auf unserem Planeten steht in Verbindung mit den Elementen. Wählen Sie ein Element aus, das Sie besonders anspricht.

Die Anrufung der Kreisviertel

Möchten Sie Engel, Gottheiten, Schutzgeister, Krafttiere oder Elementargeister einladen, an einem Ritual teilzunehmen? Dann probieren Sie es aus. Zu diesem aufregenden Ritual gehört häufig die namentliche Anrufung der Wesen, deren Präsenz und Hilfe Sie für Ihren Zauber brauchen. Manche Magiker bitten die vier Erzengel um Unterstützung, wobei jeder Erzengel Herrscher über eine Himmelsrichtung ist:

Osten: Raphael

Süden: Michael

Westen: Gabriel

Norden: Uriel

Sie können zudem die Hüter oder Wächter der Kreisviertel heraufbeschwören (auch als »Wachtürme« bezeichnet) oder sich an andere Wesenheiten wenden, die mit den vier Elementen verbunden sind. Vielleicht möchten Sie Ihre Lieblingsgötter oder Lieblingsgöttinnen in den Kreis einladen. Sobald Sie beim Kreisziehen an einen der vier Kompasspunkte kommen, rufen Sie die Wesenheit herbei, die mit der jeweiligen Himmelsrichtung verbunden ist, und bitten Sie sie, Ihrem magischen Ritual beizuwohnen.

Am Ende des Rituals öffnen Sie den Kreis im gegenläufigen Uhrzeigersinn, um ihn wieder aufzulösen. Dabei schließen Sie jedes Kreisviertel an seinem Kompasspunkt, indem Sie das jeweils angerufene Wesen mit einer Danksagung entlassen. Wenn Sie möchten, sprechen Sie magische Beschwörungsformeln aus, um nichtphysische Wesen zu erwecken und zu rufen. In Büchern oder im Internet sind jede Menge zu finden.

Altäre und die Elemente

Der Altar ist sozusagen die Werkbank eines Magikers; hier werden Zauber gewirkt, Geister und Götter angerufen, magische Gegenstände aufbewahrt, Meditationen und andere Kulthandlungen durchgeführt. Altäre können drinnen und draußen errichtet werden (oder beides), vorübergehend oder dauerhaft.

Idealerweise steht Ihr Altar im Zentrum des magischen Kreises. Hier können sich magische Kräfte und Energien am besten sammeln und Zauber und Rituale optimal wirken. Zudem hat jeder der umstehenden Teilnehmer so den besten Blick auf den Altar. Sie können auch vier Altäre aufstellen, einen an jeden Kompasspunkt. Die Altäre werden jeweils einem Erzengel, einem Gott, einer Göttin oder einer anderen Wesenheit geweiht, die der entsprechenden Himmelsrichtung oder dem entsprechenden Element zugeordnet ist. Ein paar Beispiele:

Luft/Osten:	Athene, Oya, Rhiannon, Merkur, Thoth
Feuer/Süden:	Brigid, Pele, Mars, Apollon
Wasser/Westen:	Kuan Yin, Oshun, Neptun, Lir
Erde/Norden:	Demeter, Gaia, Pachamama, Ganesha, Pan

Um den magischen Kreis auf Ihrem Rundgang zu verstärken, können Sie auf jedem Altar auch eine Kerze entzünden oder zu Ehren der Wesenheit, der Sie den Altar gewidmet haben, eine Opfergabe darbringen. Oder Sie arrangieren Figurinen, Bildnisse oder andere Darstellungen von Gottheiten.

Bestimmte Farben entsprechen den vier Elementen und den vier Himmelsrichtungen. Wenn Sie vier Altäre errichtet haben, einen an jedem Kompasspunkt, können Sie sie in den entsprechenden Farben schmücken:

Luft:	Gelb
Feuer:	Rot
Wasser:	Blau
Erde:	Grün

Bedecken Sie jeden Altar mit einem Tuch der entsprechenden Element-Farbe. Arrangieren Sie darauf Kerzen, Blumen und Edelsteine in derselben Farbe, und nehmen Sie ein dem Element zugehöriges Tierkreiszeichen hinzu:

Feuer:	Widder, Löwe, Schütze
Erde:	Stier, Jungfrau, Steinbock
Luft:	Zwillinge, Waage, Wassermann
Wasser:	Krebs, Skorpion, Fische

Dekorieren Sie Ihren Altar (oder Ihre Altäre) nach Ihrem Geschmack, ganz so, dass es Sie anspricht und Sie sich mit Himmel und Erde verbunden fühlen sowie den magischen Kräften, mit denen Sie in Kontakt treten möchten. Ziel ist es, sich voll und ganz in die rituelle Arbeit zu versenken, mit Körper, Emotionen, Geist und Seele. Je präsenter und fokussierter Sie sind, desto wirkmächtiger die Magie – und umso größer der Nutzen, den Sie daraus ziehen.

Magische Rituale im Alltag

Tägliche Rituale sind ein wirksames Mittel, um die Verbindung zu den Elementarwesen zu stärken und sich ihrer steten Anwesenheit gewahr zu bleiben. Ein Ritual kann kurz und simpel sein oder aufwendig und komplex – das können Sie für sich entscheiden. Feste Rituale bieten die Möglichkeit, innezuhalten, Abstand zu gewinnen von den Ablenkungen und Anforderungen der irdischen Welt, Ihr Innerstes zu erspüren und sich bewusst zu machen, dass wir alle Teil eines größeren Ganzen sind, Teil der Erde und des Universums.

In der Magie geht es nicht nur darum, Kopf und Verstand zu gebrauchen; es geht um das Herz, um die Intuition und um die Sinne. Ein guter Magiker zu werden heißt, diese scheinbar widersprüchlichen Teile auszubalancieren und zu vereinigen, damit sie zusammenspielen können. Das bedeutet, ihre Weisheit zu ehren und ihren Botschaften zu lauschen. Und man muss sich der eigenen Körper-Seele-Geist-Verbindung bewusst werden, um sich selbst auf einer tieferen Ebene zu begegnen. Damit ein Zauber gelingt, müssen unbewusste Wünsche und bewusste Ziele in Einklang kommen, andernfalls werden die Ergebnisse nicht halbwegs zufriedenstellend ausfallen.

Alan Joel, Mitbegründer der Esoteric School of Shamanism and Magic, schreibt: »In unserem turbulenten und hektischen Alltag schenken uns täglich wiederkehrende magische Rituale Ruhe und Halt. Sie verbinden uns mit höheren Kräften und Wesen, die uns helfen können, unsere Ziele im Leben zu erreichen. Dabei kommt es nicht so sehr darauf an, worin genau die rituelle Handlung besteht, als vielmehr darauf, dass wir sie regelmäßig ausüben. Tägliche Rituale schaffen einen Kanal, um uns mit unserem Höheren Selbst zu verbinden, mit Naturgeistern, Engeln und anderen Kräften und Wesen.«

Ich selbst praktiziere jeden Tag mindestens vier einfache Rituale, in die ich die vier Elemente einbeziehe. Vielleicht möchten Sie Ihre täglichen Rituale aber auch nach dem Sternzeichen ausrichten, in dem der Mond an dem Tag gerade steht – also zum Beispiel Luft-Rituale, wenn sich der Mond in Zwillinge, Waage oder Wassermann befindet. (Der Mond bleibt immer ungefähr zweieinhalb Tage in einem Sternzeichen.) Oder aber Sie kreieren ganz für sich ein individuelles Ritual, das in Zusammenhang mit den Elementen oder Elementargeistern steht.

Luft-Rituale

Hierzu gehören: Gebete sprechen, Affirmationen aufschreiben oder rezitieren, eine inspirierende Stelle in einem Buch lesen, meditieren. Ich persönlich beginne den Tag gerne mit einer kurzen Tarot-Sitzung, um zu erfahren, wohin ich meine Aufmerksamkeit an diesem Tag besonders lenken muss.

Feuer-Rituale

Eine Kerze anzuzünden ist ein ebenso einfaches wie wirksames Feuer-Ritual. Aber auch Handlungen wie ein Kaminfeuer machen, den Wasserkessel aufsetzen oder den Grill anheizen können als Feuer-Rituale gelten, sofern sie magischen Zwecken geweiht sind. Machen Sie das Kochen am heimischen Herd zu einem Feuer-Ritual, indem Sie es bewusst und mit einer bestimmten Intention und Geisteshaltung vollziehen. Sie können auch eine Mahlzeit unter freiem Himmel zubereiten und dabei die Himmelskörper ehren, die das Leben auf Erden erst ermöglichen.

Wasser-Rituale

Eine reinigende Dusche oder ein wohltuendes Bad sind angenehme Wasser-Rituale, die man leicht umsetzen kann. Nehmen Sie sich vor, dabei in einer bewussten und konzentrierten Achtsamkeit zu bleiben, damit aus dem alltäglichen »Waschen« ein magischer Akt wird. Zu meinen persönlichen Wasser-Ritualen gehört es, am Morgen die Vogeltränke mit frischem Wasser zu füllen und am Abend bei einem gepflegten Glas Wein die Natur zu betrachten.

Erd-Rituale

Halten Sie jeden Tag für ein paar Minuten einen Kristall oder anderen Stein in der Hand, spüren und fühlen Sie ihn, um Einsichten in das Element Erde zu gewinnen. Hegen und pflegen Sie Ihre Pflanzen sorgsam. Und wenn sportliche Aktivitäten zu Ihrem festen Tagesablauf gehören, machen Sie daraus ganz leicht ein kleines Erd-Ritual, indem Sie Ihren Körper bewusst spüren und das Wunder, das er ist, ehren und schätzen. Sogar die tägliche Hausarbeit kann ein Erd-Ritual sein, wenn Sie sie entsprechend ausführen, um alte blockierende Energien zu beseitigen, damit Neues in Ihr Leben Einzug halten kann.

KAPITEL 5

IHR WERKZEUGKASTEN DER PRAKTISCHEN MAGIE

Sie selbst sind das beste Werkzeug von allen.

WREN WALKER

Genau wie alle anderen Fachleute mit Erfahrung bedienen sich auch Magiker verschiedener Werkzeuge und Hilfsmittel, um sich zu zentrieren und ihre Vorhaben zu realisieren. Streng genommen ist keines dieser Werkzeuge nötig, um Zauber zu wirken. Aber sie können dazu beitragen, die »Bühne« zu bereiten und eine Atmosphäre zu schaffen, die der magischen Arbeit zuträglich ist. In diesem Sinne ist die Magie ein bisschen wie ein Liebesspiel – die Atmosphäre und die Umgebung wirken sich auf das Erlebnis und die Wirkung aus.

Magische Werkzeuge gibt es in Esoterik-Shops oder im Internet, Sie können sich Ihre Utensilien aber auch selbst herstellen. Auf jeden Fall sollten Sie Ihre Werkzeuge aber vor jeder Benutzung reinigen und segnen, um sie neu aufzuladen. Dieser Vorgang ist eine magische Handlung und sollte mit Ehrfurcht in einem geheiligten Raum vollzogen werden. Jedes Mal, wenn Sie Ihre Werkzeuge für magische Zwecke gebrauchen, steigt deren Wirkkraft. Gehen Sie sorgfältig und achtsam mit ihnen um, ganz so, als wären es kostbare Schmuckstücke. Sind die Werkzeuge nicht in Gebrauch, sollten sie gut und sicher verwahrt werden, damit sie frei von Staub oder unerwünschten Schwingungen bleiben. In Fachgeschäften oder online finden Sie eigens dafür Beutel in verschiedenen Größen und Materialien. Ich persönlich schlage meine Werkzeuge in Seide ein und lege sie dann in eine ganz bestimmte Kommode aus Holz.

Es ist keine gute Idee, die eigenen Werkzeuge anderen Personen in die Hand zu geben oder sie damit arbeiten zu lassen, denn magische Gegenstände sind überaus empfindsam, nehmen Schwingungen von allem und jedem, mit dem sie in Kontakt kommen, in sich auf und speichern sie. Energien von Fremden können Ihre magischen Handlungen unerwünscht beeinflussen.

Die vier wichtigsten Werkzeuge sind: Zauberstab, Athame, Pentakel und Kelch. Die meisten Magiker verwenden zudem andere Gegenstände wie Kerzen, Weihrauch, Kessel, Pendel, Runen, Edelsteine und Kristalle, Glocken, Besen, Schnüre und Bänder, Kristallkugeln und Zauberspiegel, Kräuter, Öle, Zauberbuch oder ein Buch der Schatten. Lassen Sie sich bei der Auswahl Ihrer Zauberutensilien von Ihrem Bauchgefühl leiten und verwenden Sie alles, von dem Sie intuitiv glauben, dass es Ihrer magischen Handlung dienlich sein kann.

Der Zauberstab

Der Zauberstab ist das wohl bekannteste Utensil im Werkzeugkasten eines Magikers. Im Gegensatz zu Darstellungen in Filmen und Märchen wird er nicht verwendet, um Menschen in Kröten zu verwandeln oder sie verschwinden zu lassen. Der Zauberstab wird verwendet, um Energien zu lenken, einen magischen Kreis zu ziehen oder himmlische Kräfte in die manifeste Welt zu rufen. Benutzen Sie ihn auch, wenn Sie eigene Energien an einen anderen Ort oder an eine andere Person leiten möchten, um ihr Schutz oder Heilung zukommen zu lassen.

Der Zauberstab steht für das Element Feuer und damit für Wille, Kreativität, Handlungs- und Tatkraft, Begierde, Temperament, Eigenständigkeit und Mut. Er wird mit männlicher Kraft assoziiert (die phallische Symbolik ist unverkennbar), mit dem Sommer und dem Süden. Die astrologischen Feuerzeichen Widder, Löwe und Schütze sowie Sonne, Mars und Jupiter sind mit dem Zauberstab verbunden ebenso wie das Symbol der Stäbe im Tarot.

Sie können einen Zauberstab kaufen oder sich Ihren eigenen herstellen. Ein Zauberstab sollte etwa 15 bis 30 cm lang sein, oder in Länge und Umfang so, dass Sie ihn bequem handhaben können. Wer selbst einen herstellen möchte, tut dies idealerweise dann, wenn die Sonne oder der Mond in einem der astrologischen Feuerzeichen stehen – Widder, Löwe oder Schütze. Tag und Stunde sollten möglichst Sonne, Mars oder Jupiter zugeordnet sein (siehe Kapitel 13). Das Frühlingsäquinoktium (die Tagundnachtgleiche) oder das keltische Fest Lughnasadh sind ebenfalls ideale Zeitpunkte, um einen Zauberstab selbst zu fertigen (siehe Kapitel 9). Verzieren Sie Ihren Stab mit Symbolen, die für das Element Feuer stehen:

- Streichen Sie den Stab in den Farben des Feuers (Rot, Orangerot), oder malen Sie Flammen auf, die am Schaft hochzüngeln.

- Zeichnen Sie die Symbolbilder für die astrologischen Feuerzeichen auf (Widder, Löwe, Schütze) oder die von Sonne, Mars oder Jupiter.
- Malen Sie ein nach oben weisendes Dreieck auf (das alchemistische Symbol für Feuer).
- Schreiben Sie magische Kraftworte, Engelsnamen oder auch Ihren Ritualnamen auf den Zauberstab.
- Zeichnen Sie sechs ungeteilte Striche auf, im *I Ging* das Zeichen für Kien/Ch'ein (Himmel); oder auch altgermanische Runen wie die Rune Taiwaz (Tapferkeit) oder Kano (König).
- Befestigen Sie feurige Edelsteine an Ihrem Zauberstab – wie Diamant, Blutstein, Rubin, Tigerauge, Goldtopaz.
- Umwickeln Sie den Stab mit einem Stück Gold-, Messing- oder Eisendraht.

Lassen Sie Ihrer Phantasie bei der Gestaltung ruhig freien Lauf! Das Wichtigste ist, den Zauberstab ganz zu Ihrem eigenen zu machen, ihn individuell zu gestalten, so, wie er Ihnen und Ihren Zwecken entspricht.

Im nächsten Schritt geht es darum, den Zauberstab energetisch aufzuladen. Dabei gehen Ihre eigenen magischen Kräfte sowie elementare Energien auf den Stab über und verwandeln ein gewöhnliches Stück Holz in ein magisches Werkzeug. Wenn Sie Ihren Stab zum Ziehen des magischen Kreises verwendet haben, reinigen Sie ihn immer sowohl physisch, indem Sie ihn in den Rauch brennender Salbeiblätter halten, als auch mental, indem Sie sich vorstellen, dass er von einem hellen Licht umgeben und durchdrungen ist.

Anschließend salben Sie Ihren Zauberstab mit einem feurigen ätherischen Öl wie zum Beispiel Weihrauch, Mandel, Sandelholz oder Zimt. Da der Zauberstab in den meisten Traditionen dem Süden und dem Element Feuer zugeordnet ist, begeben Sie sich sodann an den südlichen Punkt Ihres magischen Kreises, halten den Zauberstab der Sonne zu und sprechen laut: »Ich weihe diesen Zauberstab nun dem heiligen Werk und lade ihn auf, damit er mir segensreichen Beistand für meine magische Arbeit leistet, und das im Einklang mit dem Willen aller göttlichen Wesenheiten, meinem eigenen wahren Willen und zum Wohle aller Beteiligten.«

Rituale zur energetischen Aufladung können auch aufwendiger gestaltet sein. Ich hänge zum Beispiel meinen Zauberstab im Sonnenmonat des Löwen an einen Apfelbaum in der südlichen Ecke meines Gartens. Danach gehe ich einen Mondmonat lang jeden Tag durch das Labyrinth in meinem Garten, spreche oder singe Affirmationen und stelle mir vor, wie die Kraft der Sonne ihn durchdringt. Zum Abschluss lade ich ihn mit meinem eigenen Blut, meinem Schweiß und meinen Tränen auf. (Sperma kann ebenfalls zum energetischen Aufladen des Zauberstabs verwendet werden, was der schöpferischen, männlichen Natur dieses Werkzeugs entspricht.)

Das Wichtigste beim Herstellen, Reinigen, Salben und Aufladen des Zauberstabs ist Ihre Intention. Jedwede Zeremonie oder Ritualhandlung, die Ihre gedanklichen Kräfte und Energien in guter Absicht zu lenken vermag, kann Zauber wirken.

Das Athame

Das Athame, ein für magische Zwecke verwendeter Dolch mit doppelschneidiger Klinge, steht für das Element Luft und damit für Gedankenkraft und Kommunikation, für den Odem des Lebens und die Macht des Lichts über die Dunkelheit. Wie der Zauberstab wird auch das Athame mit männlicher Kraft assoziiert (die phallische Symbolik ist unverkennbar), mit dem Frühling, dem Osten und den Planeten Merkur und Uranus. Die astrologischen Luftzeichen, Zwillinge, Waage und Wassermann, sowie das Symbol der Schwerter im Tarot sind mit dem Athame verbunden.

Magiker betrachten das Athame als ein Werkzeug, um störende und negative Kräfte zu bannen. Benutzen Sie es bitte niemals zum Schneiden von Lebensmitteln oder für andere profane Zwecke! Mit der Dolchspitze ritzen Sie magische Zeichen oder Wörter in Kerzen, die Sie für Ihren Zauber verwenden wollen. Bevor Sie beginnen, reinigen Sie Ihren Ritualraum von schädlichen, störenden oder unausgewogenen Energien, indem Sie die Luft mit dem Athame symbolisch schneiden. Manche Magiker nutzen ein Athame, um einen magischen Kreis zu ziehen oder um negative Energien zu zerstreuen. Es kann außerdem helfen, Schutz zu wirken oder einen Zauber zu bannen.

Einige Magiker bevorzugen antike Athame. Allerdings sollten Sie wissen, wie und wozu das Athame in der Vergangenheit verwendet worden ist, bevor Sie es selbst zum Einsatz bringen, denn es bewahrt alle Energien früherer Besitzer und Handlungen. Niemals, so heißt es, darf die Dolchklinge mit Blut in Berührung gekommen sein oder Schaden angerichtet haben.

Zu kaufen gibt es Athame in Esoterik-Shops. Vielleicht sind Sie auch in der Schmiedekunst bewandert und wollen selbst eines schmieden? Idealerweise tun Sie dies, wenn die Sonne oder der Mond in einem der astrologischen Luftzeichen steht – Zwillinge, Waage oder Wassermann. Tag und Stunde sollten möglichst Merkur oder Uranus zugeordnet sein (siehe Kapitel 13). Das Herbstäquinoktium oder das keltische Fest Imbolg (Imbolc) sind ebenfalls ideale Zeitpunkte, um ein Athame selbst zu fertigen (siehe Kapitel 9). Die Dolchklinge ist üblicherweise etwa 10 bis 20 cm lang und in einen Schaft eingepasst, der bequem in Ihrer Hand liegt. Sie kann gerade oder gebogen sein. Anhänger des Wicca-Kults bevorzugen meist eine gebogene Klinge, die den Halbmond symbolisiert. Der Dolchgriff ist üblicherweise aus Holz, Leder oder Metall. Verzieren Sie Ihr Athame mit Symbolen, die für das Element Luft stehen:

- Streichen Sie es in den Farben der Luft (Blau, Gelb).
- Zeichnen Sie die Symbolbilder der astrologischen Luftzeichen auf (Zwillinge, Waage, Wassermann) oder die von Merkur und Uranus.
- Ritzen Sie das Symbolbild für Luft ein: ein nach oben weisendes Dreieck mit horizontaler Linie durch die Mitte.
- Schreiben Sie magische Kraftworte, Engelsnamen oder auch Runen und Hexagramme aus dem *I Ging* auf das Athame.
- Befestigen Sie Edelsteine am Athame, die mit dem Element Luft harmonieren – Aquamarin, Kristallquarz, Granat, Zirkonia.
- Bringen Sie Federn an.

Bevor Sie das Athame benutzen, um Zauber zu wirken, muss es aufgeladen werden. Dabei gehen Ihre eigenen magischen Kräfte sowie elementare Energien auf das Athame über, damit aus einem gewöhnlichen Messer ein magisches Werkzeug wird. Nachdem

Sie Ihr Athame zum Ziehen des magischen Kreises in Benutzung hatten, reinigen Sie es sowohl physisch mit Wasser als auch mental, indem Sie sich vorstellen, dass es von einem hellen Licht umgeben und durchdrungen ist. Wer möchte, kann das Athame auch über Räucherwerk halten.

Anschließend salben Sie Ihr Athame mit einem leichten ätherischen Öl wie zum Beispiel Nelke, Lavendel, Anis oder Limone. Da das Athame in den meisten Traditionen dem Osten und dem Element Luft zugeordnet ist, begeben Sie sich sodann an den östlichen Punkt Ihres magischen Kreises, halten das Athame himmelwärts und sprechen laut: »Ich weihe dieses Athame nun dem heiligen Werk und lade es auf, damit es mir für meine magische Arbeit segensreichen Beistand leistet, und das im Einklang mit dem Willen aller göttlichen Wesenheiten, meinem eigenen wahren Willen und zum Wohle aller Beteiligten.«

Wenn Sie ein aufwendigeres Ritual kreieren wollen, um Ihr Athame zu weihen und aufzuladen, finden Sie hierzu jede Menge Anregungen in Büchern über magische Praktiken.

Das Pentakel

Das Pentakel, ein fünfspitziger, von einem Kreis umschlossener Stern, steht für das Element Erde und damit für Fruchtbarkeit, Stabilität, Beständigkeit, für praktische Angelegenheiten und die materielle Welt. Es wird mit weiblicher Kraft assoziiert, mit dem Winter und dem Norden. Zudem symbolisiert es den menschlichen Körper – seine fünf Spitzen entsprechen Kopf, Armen und Beinen. Zudem symbolisiert es die Einbindung des Geistes in die manifeste Welt. Die astrologischen Erdzeichen Stier, Jungfrau und Steinbock sowie das Symbol der Münzen im Tarot sind mit dem Pentakel verbunden.

Das Pentakel, das meistens mit Hexen in Verbindung gebracht wird, gilt als Schutzsymbol. Tragen Sie es als Schutzamulett im Alltag, bei magischen Ritualen oder beim Wirken zwischen Himmel und Erde. Magiker schreiben häufig Pentakel in die Luft, wenn sie einen Kreis ziehen oder Rituale durchführen. Wer mag, kann sich auch ein Pentakel als dauerhaften Schutz tätowieren lassen.

Ich lebe in Texas, wo einem Pentakel als Stern auf der Flagge auf Schritt und Tritt begegnen: an Häusern, in öffentlichen Gebäuden, an Zäunen und Toren, auf Plätzen und in Parks. Und auch die Sheriffsterne der Texas Rangers, wie unsere Gesetzeshüter heißen, sind ihrer Form nach ein Pentakel und tragen, davon bin ich überzeugt, zum Schutz ihrer Träger bei.

Zu kaufen gibt es Pentakel in Esoterik-Shops oder im Internet. Vielleicht stellen Sie auch gern selbst Schmuck her und wollen selbst eines fertigen? Manche Pentakel sind mit anderen magischen Symbolbildern verziert, mit Spiralen, Kreisen, Unendlichkeits- oder Planetensymbolen. Auch Ihr selbstgemachtes Pentakel können Sie nach Belieben verzieren. Ich bin stolz auf meine irischen Wurzeln und habe deshalb ein Pentakel gewählt, das von einem Kreis aus keltischen Knoten umgeben ist. Aber vielleicht gefällt Ihnen auch eines, das mit Edelsteinen besetzt ist, die dem Element Erde zugeordnet sind: Smaragd, Sternsaphir, Türkis, Jade, Onyx, Jett (Gagat), Rauchquarz oder Malachit.

Bevor Sie das Pentakel nutzen, um Zauber zu wirken, müssen Sie es aufladen, das heißt, Sie müssen ihm Ihre eigenen magischen Kräfte sowie elementare Energien übertragen, damit aus einem gewöhnlichen Schmuckstück ein magisches Werkzeug wird. Idealerweise tun Sie dies, wenn die Sonne oder der Mond in einem der astrologischen Erdzeichen stehen – Stier, Jungfrau oder Steinbock. Tag und Stunde sollten möglichst der Venus zugeordnet sein (siehe Kapitel 13). Das Winteräquinoktium und das keltische Fest Beltane sind ebenfalls ideale Zeitpunkte, um ein Pentakel zu fertigen. Nachdem Sie Ihr Pentakel zum Ziehen des magischen Kreises verwendet haben, reinigen Sie es sowohl physisch mit Wasser als auch mental, indem Sie sich vorstellen, dass es von einem hellen Licht umgeben und durchdrungen ist. Wenn Sie möchten, können Sie es auch im Rauch brennender Salbeiblätter reinigen.

Anschließend salben Sie Ihr Pentakel mit einem erdigen ätherischen Öl wie zum Beispiel Basilikum, Fenchel oder Kiefer. Da das Pentakel in den meisten Traditionen dem Norden zugeordnet ist, begeben Sie sich sodann an den nördlichen Punkt Ihres magischen Kreises, halten es ausgestreckt in Ihrer Hand und sprechen laut: »Ich weihe dieses Pentakel nun dem heiligen Werk und lade es auf, damit es mir für meine magische Arbeit segensreichen Beistand schenkt, und das im Einklang mit dem Willen aller göttlichen Wesenheiten, meinem eigenen wahren Willen und zum Wohle aller Beteiligten.«

Wenn Sie ein aufwendigeres Rituale kreieren wollen, um Ihr Pentakel zu weihen und aufzuladen, finden Sie hierzu jede Menge Anregungen in Büchern über magische Praktiken.

Der Kelch

Der Kelch steht für das Element Wasser und damit für Emotionen, Liebe, Beziehungen, Intuition, Fruchtbarkeit, Fürsorge und Mitgefühl. Er wird mit weiblicher Kraft assoziiert (die Mutterschoß-Symbolik ist unverkennbar), mit dem Herbst und dem Westen. Die astrologischen Wasserzeichen Krebs, Skorpion und

Fische sowie das Symbol der Stäbe im Tarot sind mit dem Kelch verbunden.

In der Tradition des *Hermetischen Ordens der Goldenen Morgenröte* ist die Schale des Kelchs mit acht hellblauen, orangerot umrandeten Blütenblättern verziert, die Krokusblüten ähneln. Im Blau der Blüten stehen Götternamen in orangeroter Schrift.

Der Kelch dient als Ritualgefäß für Trankopfer; allerdings sollten Sie niemals daraus trinken, außer für magische Zwecke. Ihr Kelch kann aus Glas, Metall, Keramik oder Holz sein – ich persönlich bevorzuge einen Silberkelch, da das Element Silber mit dem Mond verbunden ist. Verzieren Sie Ihren Kelch mit Symbolen, die für das Element Wasser stehen:

- Bringen Sie durch Bemalen oder Ätzen die Symbolbilder der astrologischen Wasserzeichen auf (Krebs, Skorpion, Fische) oder die von Mond oder Venus. (Verwenden Sie dafür bitte unbedingt bleifreie Farbe!)
- Malen Sie ein nach unten weisendes Dreieck auf (das alchemistische Symbol für Wasser).
- Bringen Sie Perlen oder Mondsteine an.
- Schreiben Sie magische Kraftworte, Engelsnamen oder auch Runen und Hexagramme aus dem *I Ging* auf den Kelch.

Bevor Sie Ihren Kelch benutzen, um Zauber zu wirken, muss er aufgeladen werden. Dabei fließen Ihre eigenen magischen Kräfte sowie elementare Energien in ihn ein, damit aus einem gewöhnlichen Gefäß ein magisches Werkzeug wird. Idealerweise tun Sie

ZAUBERTRANK FÜR REICHTUM UND WOHLSTAND

Wirken Sie diesen Zauber bei zunehmendem Mond, vorzugsweise an einem Donnerstag oder Freitag. Wenn Sie es einrichten können, legen Sie den Zauber auf einen Tag, an dem der Mond in der Venus oder im Stier steht.

Was Sie brauchen:

- einen kleinen Aventurin
- einen Bergkristall
- eine Münze
- Pfefferminztee frischen Ingwer
- einen Zauberkelch (Zaubergefäß)

Wenn Sie den Zaubertrank in Ihrer Küche zubereiten, reinigen Sie sie zuvor gründlich, um alle negativen Energien zu beseitigen, und ziehen Sie einen magischen Kreis. Anschließend waschen Sie Ihren Zauberkelch (Gefäß) aus und trocknen Sie ihn gut ab.

dies, wenn die Sonne oder der Mond in einem der astrologischen Wasserzeichen stehen – Krebs, Skorpion oder Fische. Tag und Stunde sollten möglichst dem Mond zugeordnet sein (siehe Kapitel 13). Das Sommeräquinoktium und das keltische Fest Samhain (wenn die Sonne die Wasserzeichen besetzt) sind ebenfalls ideale Zeitpunkte, um Ihren Kelch energetisch aufzuladen. Nachdem Sie Ihren Kelch zum Ziehen des magischen Kreises verwendet haben, reinigen Sie ihn sowohl physisch mit Wasser als auch mental, indem Sie sich vorstellen, dass er von einem hellen Licht umgeben und durchdrungen ist.

Nun gehen Sie wie folgt vor:

- Brühen Sie eine Tasse Pfefferminztee auf.
- Waschen Sie Aventurin, Bergkristall und Münze ab und tupfen Sie sie trocken.
- Geben Sie Aventurin, Bergkristall und Münze in den Zauberkelch (Gefäß) und gießen Sie mit Pfefferminztee auf. Raspeln Sie frischen Ingwer hinein (um den Zauber zu beschleunigen).
- Rühren Sie den Trank dreimal im Uhrzeigersinn um, um ihn aufzuladen, und sprechen dabei die folgende Beschwörungsformel: »Dieser magische Trank bringe mir Segnungen und Wohlstand zum Wohle aller, so möge es sein.«
- Trinken Sie den Tee schlückchenweise. Passen Sie auf, dass Sie Steine und Münze nicht verschlucken. Visualisieren Sie die Fülle, die Sie sich wünschen !

Zum Schluss öffnen Sie Ihren magischen Kreis. Waschen Sie Zauberkelch, Steine und Münze gut ab, um sie für weitere Rituale wieder verwenden zu können.

Anschließend salben Sie Ihren Kelch mit einem feinen ätherischen Öl wie zum Beispiel Rose, Maiglöckchen, Jasmin oder Ylang-Ylang. (Achtung: Das Öl nicht nahe an den Rand des Gefäßes geben!)

Da der Kelch in den meisten Traditionen dem Westen zugeordnet ist, begeben Sie sich sodann an den westlichen Punkt Ihres magischen Kreises, halten ihn ausgestreckt in der Hand und sprechen laut: »Ich weihe diesen Kelch nun dem heiligen Werk und lade ihn auf, damit er mir für meine magische Arbeit segensreichen Beistand schenkt, und das im Einklang mit dem

Willen aller göttlichen Wesenheiten, meinem eigenen wahren Willen und zum Wohle aller Beteiligten.«

Sie können das Ritual zur energetischen Aufladung und Salbung auch aufwendiger gestalten, wenn Sie möchten. Ich selbst tauche meinen Kelch immer erst in eine Schale Wasser, die ich speziell eine Mondphase lang benutze, bevor ich ihn dann mit Jasmin- und Rosenöl salbe.

Weitere magische Werkzeuge

Magiker bringen häufig weitere Werkzeuge zum Einsatz. Vielleicht ist in der folgenden Aufstellung das ein oder andere dabei, das seinen Weg auch in Ihre magische Arbeit findet. Im Grunde genommen kann fast alles zu einem magischen Utensil werden. Ein Küchenmesser kann als Athame dienen, ein Holzstecken als Zauberstab. Wählen Sie anfangs ein paar Werkzeuge aus, die zu Ihren persönlichen Praktiken (und in Ihr Budget) passen, und fügen Sie im Laufe der Zeit weitere hinzu.

Glocken

Glocken stehen für weibliche Energie. Sie werden verwendet, um Meditationen, Gebete oder Gesänge zu unterbrechen, um Wendepunkte in Ritualen zu markieren oder um die Aufmerksamkeit göttlicher Wesen anzuziehen. Sie brechen Energien auf, die stagnieren, und tragen somit dazu bei, den Ritualraum zu reinigen.

Besen

Besen werden verwendet, um den Ritualraum vor Beginn einer magischen Zeremonie zu reinigen. Und nein, Hexen reiten nicht auf Besen!

Kerzen

Kerzen sind von allen Werkzeugen die gebräuchlichsten und überaus vielseitig verwendbar. Kerzen stehen für ein klares Bewusstsein sowie Wahrheit und Weisheit, die das Dunkel der Unwissenheit und Angst erhellen. Kerzen, wie könnte es anders sein, symbolisieren das Element Feuer. Die brennenden Kerzen auf der Geburtstagstorte auszupusten und sich dabei etwas zu wünschen ist eine einfache Form von Kerzenmagie. Wählen Sie die Farbe der Kerzen so aus, dass sie Ihren Absichten entsprechen: Rosa für die Liebe, Grün für Wohlstand … und so weiter.

KERZEN BEWEGEN

Einige Kerzenzauber bestehen darin, dass Kerzen positioniert werden, um etwas anzuziehen oder abzustoßen. Bestimmen Sie eine Kerze, die symbolhaft für Sie selbst steht, und eine weitere Kerze, die symbolhaft für eine Sache oder Person steht, die Sie anziehen oder abstoßen wollen. Stellen Sie die Kerzen auf Ihren Altar oder an einen anderen Ort, an dem sie gefahrlos abbrennen können. Entzünden Sie die Kerzen, lassen Sie sie eine Weile brennen und pusten Sie sie dann sanft aus. Bewegen Sie die Kerzen während der nächsten Tage entweder näher zusammen, um anzuziehen, was Sie sich wünschen, oder weiter auseinander, um abzustoßen, was Sie sich nicht wünschen. Die Bewegung symbolisiert Ihre Absicht.

Kessel

Kessel sind praktische rituelle Utensilien, um Wasser, Kräutermischungen oder Zaubertränke aufzubewahren. Auch rituelle Mahlzeiten lassen sich darin zubereiten, was Zeremonien einen besonders festlichen Charakter verleiht (siehe Kapitel 9). Wie der Kelch steht auch der Kessel für weibliche Energie – seine Form symbolisiert den Mutterschoß.

Schnüre und Bänder

Schnüre und Bänder können während des Zaubers geknotet werden, um spirituelle Energien zu binden, bis sie wieder entlassen werden können. Sie spielen auch eine Rolle beim sogenannten Bindezauber (Defixion), indem unerwünschte Energien gebunden (verknotet) werden, um Schaden abzuwenden.

Kristallkugeln und Zauberspiegel

Kristallkugeln und Zauberspiegel werden zum Wahrsagen verwendet. Der Blick hinein ermöglicht es, über die Grenzen des normalen Sehvermögens hinaus zu schauen.

Kristalle und Edelsteine

Kristalle und Edelsteine finden in der magischen Arbeit vielfach Verwendung – als Schmucksteine für Talismane und Amulette, als Zutaten für Zaubertränke, als Heilsteine, als Schutzsteine oder zur Verstärkung bestimmter Eigenschaften und vieles mehr. In Kapitel 12 werden wir ausführlicher darauf zurückkommen.

Zauberbuch oder Buch der Schatten

Ein Zauberbuch oder ein Buch der Schatten ist Ihr persönliches Arbeitsbuch, in dem Sie all Ihre Zaubersprüche und Geheimrezepte sammeln, in dem Sie notieren, für welche Zauber Sie welche Sprüche angewendet haben, was Sie dabei erlebt und welche Ergebnisse Sie erreicht haben. Ich selbst vermerke auch die Daten, an denen ich bestimmte Zauber durchgeführt habe, dazu entsprechende astrologische Daten (Mondphase, Sonnenstand, Planetenmuster) sowie Bemerkungen darüber, inwiefern die himmlischen Energien den Zauber verstärkt haben.

Für manche ist es ein ungeschriebenes Gesetz, dass niemand einen Blick in das eigene Zauberbuch werfen darf. Ich bin der Meinung, dass es durchaus in Ordnung ist, Geheimnisse mit gleichgesinnten Kollegen, den Mitgliedern eines Magiker-Zirkels oder einer anderen Person, der man vertraut, zu teilen. In meinen Büchern sind jede Menge Zauber und Ritualhandlungen beschrieben, weil ich den Austausch von okkultem Wissen, sofern er verantwortungsbewusst und persönlich erfolgt, für förderlich halte, und weil mir als Lehrerin daran liegt, mein Wissen mit anderen in der Hoffnung zu teilen, dass sie von meiner Erfahrung profitieren können. Niemals aber sollten Sie Ihr Zauberbuch Personen zugänglich machen, die den Inhalt missbrauchen oder falsch verstehen könnten. Frühe Zauberbücher wurden deshalb oft in Geheimschriften verfasst für den Fall, dass sie in die falschen Hände gerieten.

Mit fortschreitender Erfahrung werden Sie zu einem besseren Verständnis von Magie gelangen und erkennen, warum dieser oder jener Zauber, den Sie in Ihren Anfängen gewirkt haben, erfolgreich war – oder eben nicht. Dann können Sie Ihre Methoden oder Mittel jederzeit ändern. Vergessen Sie nicht: Fehler und Misserfolge gehören dazu! (Mehr dazu in meinem Werk *Das große Hexen-Handbuch: Das Einmaleins der Weißen Magie.*)

Kräuter und andere Pflanzen

Pflanzen haben sowohl physische als auch symbolische Eigenschaften, die Sie sich für Ihren Zauber zunutze machen können. Kräuter, Blumen und Pflanzenextrakte können Talismane und

Amulette zieren, sie können Tränken und Salben zugesetzt, in Feuer-Ritualen verbrannt oder auch in magischen Zeremonien in die Erde gepflanzt werden. Viele Kräuter besitzen medizinische Eigenschaften, die zur Unterstützung von Heilzaubern eingesetzt werden können (mehr dazu in Kapitel 11).

Räucherwerk

Räucherwerk (wie Weihrauch) ist ein weiteres, viel genutztes Utensil aus dem magischen Werkzeugkasten. Lassen Sie sich nicht davon täuschen, dass es so unscheinbar daherkommt – es kann eine große Wirkmacht entfalten. Räucherwerke kombinieren die Elemente Feuer und Luft und können in praktisch jedes Ritual und jeden Zauber einbezogen werden. Magiker nutzen sie, um ihre Ritualräume zu reinigen und Botschaften oder Gebete an Gottheiten in höheren Sphären zu übermitteln. Ihre aromatischen Eigenschaften regen Geist und Sinne an und schärfen die Konzentration.

Magisches Schwert (Dolch)

Das magische Schwert gilt als Symbol des Feuers und wird benutzt, um schädliche oder störende Einflüsse aus einem heiligen Raum zu bannen. Dieses kraftvolle männliche Symbol wird häufig mit dem Erzengel Michael in Verbindung gebracht.

Pendel

Das Pendel dient dem Wahrsagen. Es wird als magisches Orakel eingesetzt, um Lebens- und Liebesfragen »auszupendeln«. In aller Regel besteht es aus einem kleinen Gewicht oder einer kleinen »Kugel« aus Stein, Metall, Holz oder einem anderen Material. Zur Aufhängung wird meist ein feines Kettchen oder Band verwendet. Wenn Sie es ruhig in der Hand halten, nimmt es die Schwingungen Ihrer Frage auf, die es in Bewegung setzen und in eine bestimmte Richtung lenken.

Runen

Runen sind uralte Schriftzeichen, die bis heute als magische Symbole und Orakel dienen. Jedes Zeichen ist mit einer geheimen Bedeutung belegt, und jeder Rune wohnen besondere magische Kräfte inne, die Sie sich auf vielerlei Weise in einem Runen-Zauber zunutze machen können. Man kann sie in Kerzen, in Talismane oder Amulette einritzen, man kann sie zum Schutz tragen oder sie kombiniert zu sogenannten Runensigillen (Binderunen) zusammenfügen.

Astrologie, Magie, Tarot

Viele Astrologen und praktizierende Magiker nutzen das Tarot als Deutungshilfe, zur spirituellen Weiterentwicklung, als Lebenswegbegleiter und für magische Rituale. Wenn Sie sich ein typisches Tarot-Deck einmal genauer ansehen, werden Sie einige Parallelen zwischen Tarotkarten, Astrologie und Magie feststellen.

Wie ich bereits erwähnt habe, haben die vier sogenannten Farben in der Kleinen Arkana ihre Entsprechung in den vier Elementen:

Stäbe: Feuer

Münzen: Erde

Schwerter: Luft

Kelche: Wasser

Auch die Große Arkana enthält eine Fülle astrologischer und magischer Symbole. Die Karte 1 zum Beispiel trägt den Namen *Der Magier* (wenige andere Decks verwenden andere Namen). Im Ride-Waite-Smith-Deck (das heute bekannteste und einflussreichste Deck) steht der Magiker hinter einem Tisch mit dreien der wichtigsten magischen Werkzeuge: Athame, Pentakel, Kelch. Das vierte, den Stab, hält er in der rechten Hand, nach oben zum Himmel gestreckt.

Das Rider-Waite-Smith-Tarot wurde von Arthur Edward Waite und Pamela Colman Smith kreiert, zwei Mitgliedern des Hermetischen Ordens der Goldenen Morgenröte. Waite wurde zum Großmeister dieses Geheimordens ernannt. Das Erste dieser Tarot-Kartendecks wurde von William Rider & Son in London im Jahr 1910 herausgebracht und ist bis heute in unzähligen Auflagen erschienen.

Die Karte 17 ist *Der Stern*, Karte 18 *Der Mond*, Karte 19 *Die Sonne*. Karte 21 *Die Welt* ist die letzte Karte in der Großen Arkana und zeigt in den vier Ecken Symbolbilder von vier Sternzeichen: Mensch (Wassermann), Bulle (Stier), Löwe (Löwe) und Adler (Skorpion).

Im gesamten Tarot begegnen wir zahlreichen weiteren astrologischen und magischen Symbolbildern: Auf Karte 3 *Die Kaiserin* findet sich etwa die typische Venussymbolik; Karte 11 *Die Gerechtigkeit* zeigt eine Waage; auf Karte 14 *Die Mäßigkeit* ist ein Engel zu sehen, der Wasser von einem Kelch in einen anderen gießt; Karte 15 *Der Teufel* zeigt eben diesen mit einem fünfspitzigen Stern auf dem Kopf … Die Reihe ließe sich fortsetzen. Das

Tarot bietet eine Fülle an Informationen und Symbolbildern, die Ihre magische Arbeit bereichern und Sie auf Ihrer persönlichen und spirituellen Reise begleiten können.

KAPITEL 6

MIT SONNEN- UND MONDENERGIEN ARBEITEN

Sonne und Mond sind die beiden Himmelskörper, die mit der Erde die allerengste Beziehung haben. Sie sind das Urpaar, Braut und Bräutigam, Mutter und Vater der Menschheit.

JAMES WASSERMAN

Für uns Erdenbürger sind die beiden wichtigsten Himmelskörper die Sonne und der Mond. Diese beiden befinden sich in einem fortwährenden Tanz, miteinander und mit unserem Planeten. Die Bewegungen in diesem Tanz bestimmen den Lauf der Jahreszeiten, den Wechsel der Gezeiten, die Fortpflanzungszyklen von Mensch und Tier sowie das Pflanzenwachstum, und auch sonst beeinflussen sie so ziemlich alle Vorgänge auf der Erde.

Astrologen bezeichnen Sonne und Mond als »Lichter«, wobei die Sonne das »große Licht« und der Mond das »kleine Licht« ist. Die Sonne steht für die männliche Energie oder das Yang-Prinzip, der Mond verkörpert die weibliche Energie oder das Yin-Prinzip. (Die deutsche Sprache, in der es bekanntermaßen »die Sonne« und »der Mond« heißt, bildet hier eine Ausnahme.) Auf ewig verbunden, repräsentieren sie in etlichen spirituellen und magischen Traditionen auch Gott und Göttin.

Die Sonne

Aus astrologischer Sicht ist die Sonne das zentrale Zeichen in einem Geburtshoroskop. Sie kennzeichnet unsere Persönlichkeit, unser Selbstbild, unsere Identität und unsere Ausstrahlung, all das, was wir als eigenständiges Individuum nach außen verkörpern. Die Astrologin Liz Greene sagt, die Sonne »symbolisiert deinen Drang, ganz du selbst zu sein«.

Wenn Sie an Reinkarnation glauben, können Sie sich die Sonne als Symbol für Ihr »gegenwärtiges Ich« vorstellen, als Symbol für die Person, die Sie im jetzigen Leben sind. Ihr Geburtshoroskop zeigt auch an, welche Rolle Ihnen in der jetzigen Inkarnation zukommt, wie Sie sich selbst sehen, wie Sie von anderen wahrgenommen werden wollen, was Sie sein wollen, wonach Sie streben – es zeigt sozusagen Ihr Dharma im Sinne Ihrer aktuellen persönlichen Entwicklung. Es geht um Ihre ganz eigene Persönlichkeit und darum, wie Sie ihr Ausdruck verleihen.

Die Energie der Sonne, ob astrologisch oder physikalisch gesehen, wird meist als lebensfördernd, vitalisierend, wohltuend und erhebend empfunden. Meist sind wir auch ganz zufrieden mit den Eigenschaften und Merkmalen, die mit unserem Sternzeichen verbunden sind. Sogar die sogenannten »negativen Aspekte« stören uns nicht sonderlich. Wenn wir einer Person begegnen, deren Sternzeichen gut zu unserem passt, spüren wir gleich die harmonische Schwingung und die Stärkung unserer positiven Seiten.

Auch Länder und Städte haben Sternzeichen, die ein Bild davon zeichnen, wie sie sich selbst sehen, wie sie sich ausdrücken, welche Werte sie haben, wie sie ihre Geschäfte führen, wo sie produktive Energien und Ressourcen investieren, wie sie die Beziehungen zu anderen Nationen pflegen und dergleichen mehr. Im »Geburtshoroskop« der Vereinigten Staaten von Amerika zum Beispiel steht die Sonne im Sternzeichen Krebs (zugrunde gelegt ist die Unterzeichnung der Unabhängigkeitserklärung als »Geburtsstunde«). Die USA zeigen Einstellungen und Haltungen, die mit dem Sternzeichen Krebs assoziiert werden, legen zum Beispiel großen Wert auf Heim und Familie, nationale Sicherheit, die Mehrung von Geld und Besitz und das Gemeinwesen. Die USA exportieren auch weit mehr Nahrungsmittel als jedes andere Land. Wenn ein Land oder eine Stadt einen grundlegenden Wandel durchlebt wie etwa einen Zusammenschluss, eine Umstrukturierung oder eine Revolution oder sich von einer Kleinstadt zur Großstadt entwickelt, verändert sich auch ihr »Geburtshoroskop«.

Die Sonne in der magischen Arbeit

Da die Schwingungsenergie der Sonnenkraft nach außen geht, aktivierend und expansiv ist, kann sie alle magischen Zauber und Rituale für Wachstum, Selbstentfaltung und öffentliche Tätigkeiten bekräftigen. Solarenergie, die Kraft der Sonne, gilt gemeinhin als etwas sehr Positives. Machen Sie sich diese himmlische Kraft zunutze, um einen Job zu finden oder geschäftliche Unternehmungen zu befördern, um Ihren Wohlstand zu steigern, Ihre Wirkung nach außen zu verbessern, Ihre

Kreativität zu entzünden oder Ihre körperliche Verfassung zu stärken.

Um Wachstum zu befördern, führen Sie Ihren magischen Zauber zwischen Wintersonnenwende und Sommersonnenwende aus, wenn das Licht der Sonne langsam an Kraft gewinnt. Wenn Sie in irgendeinem Bereich in Ihrem persönlichen oder beruflichen Leben kürzertreten wollen, beispielsweise Ausgaben drosseln oder Verantwortlichkeiten abgeben möchten, ist hingegen die Zeit zwischen Sommersonnenwende und Wintersonnenwende ideal dafür, wenn das Licht der Sonne langsam schwächer wird.

Jedes Tierkreiszeichen hat sein Markenzeichen, einzigartige, charakteristische Merkmale, die auch die individuelle Magie beeinflussen. Die nachfolgende Liste zeigt den Stand der Sonne in jedem der zwölf Tierkreiszeichen und gibt Ihnen ein paar Anregungen, wie Sie die Energie der Sonne für Ihr persönliches Leben ebenso wie für Ihre magische Arbeit nutzen können:

- Widder (ca. 21. März – 19. April): Beginnen Sie etwas Neues; gehen Sie die Dinge an; riskieren Sie etwas; handeln Sie eigenständig. Praktizieren Sie Magie, um neue Projekte anzuschieben, um bessere Karten zu haben, um Vitalität oder Mut zu stärken.

- Stier (ca. 20. April – 20. Mai): Finden Sie Wege, um Stabilität zu schaffen; kümmern Sie sich um Ihre Finanzen; achten Sie auf gesunde Ernährung. Praktizieren Sie Magie, um Reichtum und Wohlstand anzuziehen, um Besitz und Eigentum zu schützen, um körperliche Leiden zu heilen.

- Zwillinge (ca. 21. Mai – 20. Juni): Konzentrieren Sie sich auf das Lernen und den Ideenaustausch mit anderen; verbessern Sie kommunikative Fähigkeiten im privaten wie beruflichen Umfeld; erledigen Sie lästigen Papierkram. Praktizieren Sie Magie, um Ihre Einsichten und Kenntnisse zu erweitern, um mit Wesenheiten in anderen Sphären des Seins zu kommunizieren, um Zaubersprüche zu üben; um sich Beschwörungsformeln, Affirmationen und Gesänge auszudenken.

- Krebs (ca. 21. Juni – 22. Juli): Pflegen Sie Ihre Beziehungen zu Familie und Freunden; widmen Sie sich Ihrem häuslichen Umfeld, Ihrem Besitz und Ihren Finanzen; achten Sie auf Gesundheit und Ernährung. Praktizieren Sie Magie, um sich selbst, alle Ihre Lieben und Ihr Eigentum zu schützen; führen Sie Heilzauber aus, insbesondere für Frauen und Kinder; suchen Sie den Kontakt zu Ihren Vorfahren, um zu Einsichten und Orientierung zu gelangen.
- Löwe (ca. 23. Juli – 22. August): Werden Sie kreativ; fördern Sie sich und Ihre Arbeit; übernehmen Sie eine Führungsrolle; genießen Sie Liebe und Romantik. Praktizieren Sie Magie, um Aufmerksamkeit auf sich zu ziehen, um befördert zu werden oder Ihren Einflussbereich zu erweitern, um einen guten Eindruck zu machen oder Ihre Kreativität zu steigern.
- Jungfrau (ca. 23. August – 22. September): Achten Sie auf Details; widmen Sie sich Ihrer Gesundheit; integrieren Sie Übungen in Ihren Alltag, die Ihr Leben privat und beruflich leichter machen. Praktizieren Sie Magie, um sich selbst oder andere zu heilen; nutzen Sie die magischen Eigenschaften von Pflanzen als Heilmittel und in der angewandten Magie.

- Waage (ca. 23. September – 22. Oktober): Arbeiten Sie daran, Beziehungen zu verbessern; engagieren Sie sich sozial oder für eigene kreative Projekte; streben Sie nach Balance in allen Lebensbereichen. Praktizieren Sie Magie, um eine neue Liebe zu gewinnen oder eine bestehende Beziehung zu verbessern; um eine rechtliche Angelegenheit zu einem guten Abschluss zu bringen, um schöpferische Kräfte zu wecken und Harmonie in allen Bereichen zu befördern.

- Skorpion (23. Oktober – 21. November): Schauen Sie unter die Oberfläche, um den tieferen Sinn einer Sache zu erfassen; bündeln Sie Ihre emotionalen und seelischen Kräfte; machen Sie eine Psychotherapie oder esoterische Beratung; erweitern Sie Ihr Wissen über Tod und Wandlung. Praktizieren Sie Magie, um Ihre Kräfte zu stärken, um Einsichten in jenseitige Welten zu gewinnen, um in vergangene Leben einzutauchen, um Ihre finanzielle Situation zu verbessern und Ihren Wohlstand zu mehren.

- Schütze (ca. 22. November – 21. Dezember): Lernen Sie neue Dinge kennen, gehen Sie auf Reisen, insbesondere an fremde Orte; bilden Sie sich weiter; erweitern Sie Ihr Wirkungsfeld und Ihre Kontakte. Praktizieren Sie Magie, um Einsichten in höhere Sphären zu erlangen, um sich auf schamanische Reisen zu begeben und um Schutz und Führung auf all Ihren Wegen zu bekommen.

- Steinbock (ca. 22. Dezember – 19. Januar): Verwalten Sie Geld und Finanzen; finden Sie Wege, um Ihre Karriere voranzutreiben und Ihre Außenwirkung zu verbessern; planen Sie langfristig; übernehmen Sie zusätzliche Aufgaben. Praktizieren Sie Magie, um Ihren materiellen Wohlstand zu mehren, um Ausgaben zu reduzieren, um Finanzangelegenheiten zu stabilisieren, um ungünstige Verträge zu beenden, um Gegner zu bannen.

- Wassermann (ca. 20. Januar – 20. Februar): Verleihen Sie Ihrer Authentizität Ausdruck; streben Sie nach größerer Freiheit; schließen Sie sich Gleichgesinnten an; zeigen Sie humanitäres Engagement. Praktizieren Sie Magie, um aus alten, selbst-begrenzenden Einstellungen und Verhaltensweisen auszubrechen, um zu neuen Ufern zu gelangen, um neue Projekte zu starten, um Erkenntnisse aus höheren Sphären zu gewinnen, um schöpferische Kräfte anzuregen.
- Fische (ca. 19. Februar – 20. März): Stärken Sie Ihre Intuition; analysieren Sie Ihre Träume; nutzen Sie Ihre kreative Vorstellungskraft; zeigen Sie Mitgefühl für andere. Praktizieren Sie Magie, um sich mit Ihrer Muse zu verbinden, um Ihre medialen Fähigkeiten zu verbessern, um in die Zukunft zu schauen, um emotionale Heilung an sich selbst oder anderen zu wirken, um Reinigungsrituale zu vollziehen.

Es ist ganz natürlich, jemandem helfen zu wollen, dem es nicht gut geht, der krank ist, finanzielle Probleme oder Liebeskummer hat. Manchmal können wohlmeinende Absichten aber auch fehl am Platze sein. Im Leben geschieht alles aus einem bestimmten Grund, und so sind Herausforderungen und Konflikte oft zunächst versteckte Chancen, etwas Wichtiges zu lernen. Da wir die Hintergründe aber niemals kennen, sollten wir auf keinen Fall versuchen, einen Zauber für eine andere Person zu wirken, wenn diese uns nicht selbst ausdrücklich darum gebeten hat. Und sogar dann sollten wir das höhere Ich dieser Person um Einverständnis bitten, bevor wir uns ans »magische« Werk machen.

Der Mond

Der Mond reflektiert das Licht der Sonne und leuchtet nur, weil er von der Sonne angestrahlt wird – ein treffliches Bild für die Rolle des Mondes in der Astrologie, denn er ist mit engen persönlichen und familiären Bindungen assoziiert. Begegnen Sie jemandem, dessen Mond in einer harmonischen Verbindung zu Ihrem eigenen Mond steht, werden Sie zu dieser Person sehr wahrscheinlich eine positive emotionale oder intuitive Verbindung spüren, denn sie nährt und fördert Sie auf einer inneren Ebene. Eine Person, deren Sonne im selben Zeichen steht wie Ihr Mond, kann Ihr Inneres erstrahlen lassen, Sie ergänzen und erfüllen.

Begegnen sich zwei Menschen, bei denen die Sonne im Geburtshoroskop des einen zur Sonne im Geburtshoroskop des anderen harmonisch aspektiert ist, werden sich die beiden vermutlich gut verstehen und gut miteinander auskommen. Bilden die beiden Sonnen eine Konjunktion, ein Sextil oder ein Trigon zueinander, so kann auch eine engere persönliche Beziehung möglich sein – innerhalb der Familie, als Liebespartner oder als beste Freunde. Der Mond symbolisiert die Vergangenheit – Ihre frühen Kindheitserfahrungen, Ihr Erbe, Ihre vorherigen Inkarnationen, Ihr Karma. Seine Stellung in Ihrem Geburtshoroskop symbolisiert das nährende Prinzip. Sie zeigt an, wie wir damit umgehen, dass wir zum Leben nehmen und geben müssen, und was wir brauchen, um uns sicher und geborgen zu fühlen. Der Mond beeinflusst auch Ihren physischen Körper, der sowohl ein Produkt der Natur als auch der Erfahrung mit nährender Zuwendung in der frühen Kindheit ist.

Emotionen, Intuition, Instinkte und Triebe sowie das Unbewusste werden vom Mond beherrscht. Da der Mond alle zwölf Tierkreiszeichen in 28 Tagen durchwandert, betont er kurzzeitig die verschiedenen Aspekte Ihres Geburtshoroskops und bewirkt emotionale Reaktionen auf Menschen und Situationen in Ihrem Leben. Steht Ihr Geburtsmond in Krebs, Skorpion oder Fischen, sind Sie vermutlich besonders »mondfühlig« und spüren die veränderlichen Gefühlslagen mit dem Mondlauf durch die Zeichen besonders stark.

Im Geburtshoroskop symbolisiert die Stellung des Mondes die Mutter – wie wir sie wahrnehmen, wie wir in Beziehung mit ihr stehen und welche Vorstellungen von Mutterschaft wir selbst haben. Wenn Sie Geschwister haben, wird jedes Kind die Beziehung zur Mutter in anderer Weise beschreiben, in anderer Weise mit ihr interagieren, je nach seinem Mondzeichen, während Ihre eigene Sicht und Wahrnehmung eine völlig andere sein kann.

Der Einfluss der Mondphasen auf die Erde ist deutlich erkennbar. So sind beispielsweise die Gezeiten bei Vollmond stärker als zu anderen Zeiten im Monat. Viele Menschen fühlen sich vitaler und umtriebiger. Umgekehrt scheinen wir bei Neumond, wenn die Energie des Mondes am niedrigsten ist, weniger dynamisch und enthusiastisch. Ganz egal, ob Sie weltliche oder magische Ziele verfolgen, Sie werden Ihr Leben besser und erfolgreicher meistern, wenn Sie Ihre Handlungen auf die Mondzyklen abstimmen.

Der Mond in der magischen Arbeit

Der Mond symbolisiert das Urweibliche. Seine Energien eignen sich daher besonders gut für Zauber rund um Liebesbeziehungen, häusliche und familiäre Angelegenheiten, Fruchtbarkeits-

und Schwangerschaftsthemen, Wahrsagen, die Innerlichkeit oder Stärkung der weiblichen Seite (ungeachtet des biologischen Geschlechts). Zudem beeinflusst der Mond die gesamte Natur, weshalb seine Zyklen für Landwirtschaft und Viehzucht von zentraler Bedeutung sind. Mit dem *Old Farmer's Almanac* erschien 1792 erstmals eine Art Handbuch für Bauern und Gärtner, eine umfassende Sammlung mit Informationen über Mondphasen und Sonnen-/Mondfinsternisse.

Spirituelle Traditionen, die Göttinnen-orientiert sind, ehren den Mond als Verkörperung der göttlich-weiblichen Urkraft. Im Wicca-Ritual, das als »Herabziehen des Mondes« bekannt ist, ruft eine Hohepriesterin den Geist der Göttin wach, wird durch ihn erfüllt und so zu einem Medium, durch das die Göttin spricht.

Die Mondphasen lassen sich für praktisch jede Form von magischer Arbeit nutzbar machen. Tatsächlich richten viele Magiker (insbesondere die Wicca) ihre Rituale und Zauber nach den Mondzyklen aus. In der materiellen Welt stehen zunehmende Phasen für Wachstum und Neubeginn, abnehmende Phasen für Rückgang und Verfall.

Neumond

Der Neumond leitet einen neuen Zyklus ein und steht daher für Neuanfänge aller Art. Versuchen Sie daher, laufende Projekte möglichst vor Neumond unter Dach und Fach zu bringen, um dann neue einzuleiten und auszubauen, sobald der Mond in die zunehmende Phase tritt. Jetzt ist eine gute Zeit, »den Boden zu bereiten« und »Samen auszustreuen« (wie zum Beispiel einen Zauber zu wirken, um eine neue Liebe oder einen neuen Job zu finden). Wenn Sie eine Familie gründen möchten, ist jetzt der ideale Zeitpunkt für einen Fruchtbarkeitszauber. Achten Sie zudem darauf, in welchem Tierkreiszeichen der Mond gerade steht: Waage für Liebeszauber, Stier für Geldzauber, Steinbock für Karrierezauber, Krebs für Zauber rund um Heim und Familie.

Zunehmender Mond

Der zunehmende Mond fördert das Wachstum. Daher sind die beiden Wochen zwischen Neumond und Vollmond ideal geeignet für Zauber rund um das Thema Wachstum. Es ist die optimale Zeit für Wohlstandszauber. Aber auch für Zauber und Segnungen, die Geschäfte ankurbeln, Glück und Zufriedenheit in Liebesbeziehungen mehren oder Kreativität und Leistung steigern sollen, ist diese Zeit besonders günstig. Das »wachsende« Licht des Mondes lässt auch die Erfolge Ihrer Mühen »wachsen«. Achten Sie zudem darauf, in welchem Tierkreiszeichen der Mond gerade steht: im Schützen für Reisezauber, im Skorpion für Geldzauber (insbesondere wenn es um die finanziellen Mittel anderer geht), im Widder für Kraftzauber und Erfolgszauber (insbesondere bei Konkurrenzsituationen).

Vollmond

Bei Vollmond hat der Mond seinen Höchststand (Kulmination) erreicht. Jetzt sehen Sie die Früchte von dem, was Sie zuvor begonnen haben. Der leuchtende Vollmond erhellt Dinge und Situationen, die zuvor im Dunkeln oder unklar waren und sorgt für einen klaren Blick. Es ist eine gute Zeit für Zauber rund um Fülle, Vollendung, innere Eingebung, Anerkennung, Wohlstand, Erfolg in der Liebe oder im Beruf. Hochzeitsrituale, heilige Zeremonien oder Abschlussfeiern stehen ebenfalls im Einklang mit den magischen Kräften des Vollmonds.

Abnehmender Mond

Die zweiwöchige Phase zwischen Vollmond und Neumond ist besonders günstig, um »aufzuräumen« oder sich auf das Wesentliche zu reduzieren: eine Diät beginnen, Schränke ausmisten, Sträucher beschneiden oder eine Beziehung beenden. Mit dem »zurückgehenden« Licht des Mondes, kann auch all das gehen, was Sie in dieser Zeit aus Ihrem Leben entlassen. Wirken Sie Zauber, die mit Reduktion oder Loslassen zu tun haben, wie zum Beispiel einen Gegner abzuwehren, Grenzen zu sprengen oder schlechte Angewohnheiten abzulegen. Achten Sie zudem darauf, in welchem Tierkreiszeichen der Mond gerade steht: Steinbock, um beruflich kürzer zu treten; Jungfrau, um eine Diät zu beginnen; Wassermann, um Ansprüche und Erwartungen von Freunden oder Ihrer Umwelt ein wenig in die Schranken zu weisen.

Der Mond »im Leerlauf«

In jedem Monat gibt es eine Zeit, in der sich der Mond »im Leerlauf« befindet (man spricht auch von Mondpausen): Wenn der Mond bei seinem Lauf durch ein Tierkreiszeichen keinen Hauptaspekt mit einem anderen Planeten mehr bildet, bis er dieses Zeichen verlässt und in ein nächstes eintritt, macht er »eine Pause«, die unterschiedlich lange ausfallen kann – von wenigen Minuten bis zu zwei Tagen. (Werfen Sie einen Blick auf die Ephemeriden, um herauszufinden, wann die Mondpausen in Kraft sind.). Alles, was in dieser astrologisch »unaspektierten« Zeit begonnen wird, ist meist nicht von Erfolg gekrönt – also definitiv keine günstige Zeit, um Zauber zu wirken!

Der verfinsterte Mond

Finsternisse sind besonders kraftvolle Himmelsereignisse, die für die magische Arbeit günstig oder ungünstig sein können. Allgemein gesprochen gilt: Sonnenfinsternisse begünstigen mondbezogene Rituale und Zauber, denn dann verdeckt der Mond die Sonne und blockiert ihr Licht. Und Mondfinsternisse unterstützen sonnenbezogene Rituale und Zauber, denn dann verdeckt die Sonne den Mond und blockiert sein Licht.

Finsternisse wirken oft als Katalysatoren, rufen Handlungen oder Einsichten hervor. Wenn Sie während einer Sonnenfinsternis etwas beginnen, werden Sie mit jeder weiteren Sonnenfinsternis darauf aufbauende Fortschritte sehen können. Tritt beispielsweise während einer Finsternis eine neue Liebe in Ihr Leben, könnte es gut sein, dass Sie bei der nächsten Finsternis wichtige Facetten der Persönlichkeit Ihres Partners oder Ihrer Partnerin entdecken und die Beziehung daraufhin vertiefen oder aber beenden möchten.

Die Erfahrungen, die Sie während einer Finsternis machen, sind natürlich beeinflusst von den Tierkreiszeichen, in denen Sonne und Mond sich gerade befinden. Stehen sie bei einer Sonnenfinsternis im Wassermann, könnten Beziehungsprobleme im Zusammenhang mit Freiheit oder Gleichberechtigung auftreten. Sind Krebs oder Steinbock an einer Mondfinsternis beteiligt, müssen Sie sich möglicherweise darauf einstellen, Familie, Kinder und Beruf unter einen Hut zu bringen. In ihrem Buch *The Eagle and the Lark* setzt Bernadette Brady sich eingehend mit Finsternis-Zyklen auseinander und interpretiert die konkrete Bedeutung jeder Finsternis.

KAPITEL 7

PLANETENKRÄFTE

Die Himmelskörper sind die Ursache allen Geschehens in der sublunaren Welt; sie wirken sich indirekt auf die menschlichen Handlungen aus; doch nicht alle durch sie erzeugten Wirkungen sind unvermeidlich.

Hl. Thomas von Aquin

Astrologen glauben, dass die Planeten und ihre Bewegungen am Himmel alle Ereignisse auf der Erde beeinflussen. Einige dieser Einflüsse sind offensichtlich – so entstehen die Jahreszeiten durch die wechselnden Positionen, die die Erde im Laufe eines Jahres zur Sonne einnimmt; und die Gezeiten werden von den Mondphasen bestimmt. Die Einflüsse der anderen Planeten mögen für ungeübte Augen weniger offensichtlich sein, sind aber nichtsdestotrotz bedeutend. So etwa kann es bei rückläufigen Phasen des Merkur leicht zu Kommunikations- oder Computerproblemen, zu Verzögerungen oder einem allgemeinen Durcheinander kommen. Mitte der 1990er Jahre führte der Eintritt von Pluto in das Tierkreiszeichen Schütze (das für erweitertes Wissen und internationale Kommunikation steht) zur Schaffung des Internets.

Jeder Planet besitzt eine einzigartige, unverwechselbare Energie, und jeder einzelne nimmt im kosmischen Plan eine ganz bestimmte Rolle ein. Wir Menschen reagieren auf diese Energien nach innen und nach außen, auch wenn wir uns dessen nicht immer bewusst sind. Doch wer sich auskennt und weiß, was es mit den Energien der einzelnen Planeten auf sich hat, kann sie nutzen, um Zauber zu verstärken und persönliche Weiterentwicklung zu fördern. Indem Sie die Zyklen der Planeten auf ihren Himmelsbahnen verfolgen, können Sie zukünftige Ereignisse in Ihrem eigenen Leben und in der äußeren Welt vorhersehen.

Merkur

In der Mythologie ist Merkur der Götterbote. In der Astrologie erfüllt er eine ähnliche Rolle: Er herrscht über Kommunikation, Verstand, geistige Prozesse aller Art sowie über Kurzreisen. Die Position von Merkur in Ihrem Geburtshoroskop zeigt an, wie Sie Informationen erfassen und verarbeiten, wie Sie sich mit anderen austauschen, welchen Stellenwert Intelligenz, Bildung und Sprache für Sie haben (aber nicht wie schlau Sie sind!). Da Kommunikation und Mobilität elementare Bestandteile der modernen Geschäftswelt sind, gilt Merkur auch als Planet des Handels. Er regiert Handel und »Hände« und zeigt unsere »händische«, also praktische, wie auch unsere »verbale« Geschicklichkeit an.

Wenn sich zwei Menschen begegnen, die Merkur im gleichen Zeichen haben, sprechen sie sehr wahrscheinlich »die gleiche Sprache«. Und wenn Sie einem Menschen begegnen, dessen Sonne im gleichen Zeichen steht wie Ihr Merkur, werden Sie sich besonders gut mit ihm verstehen.

Auf seinem schnellen Lauf durch den Tierkreis in Ihrem Geburtshoroskop versprüht Merkur immer wieder seine aktivierende Energie und animiert zu Studien, Reisen, Ideen- oder Informationsaustausch, sei es mündlich oder schriftlich.

Merkur ist der Herrscher in den Tierkreiszeichen Zwillinge und Jungfrau, wo er am stärksten wirkt. Aber auch in den Luftzeichen Waage und Wassermann steht der Merkur günstig, da diese ebenfalls mit geistigen Aktivitäten verbunden sind.

Merkur in der magischen Arbeit

Da Merkur über Sprache und Denken herrscht, spielt er in den meisten magischen Handlungen eine Rolle. Nutzen Sie seine Energie für Affirmationen, Beschwörungen, Chanting oder bewusst formulierte Gedanken. Auch für Zauber rund um Reisen, Kommunikation, Jobsuche, Geschäfte, Verträge und Verhandlungen kann diese Planetenenergie positiv wirken. Hier ein paar Anregungen, wie Sie sich mit der Merkur-Energie verbinden können:

- Nutzen Sie Pflanzen, die mit Merkur verbunden sind.
- Ergänzen Sie Talismane mit Edelsteinen und Schmucksteinen, die dem Merkur zugeordnet sind (Fluorit, Larimar, blauer Achat).
- Ritzen Sie das astrologische Symbol für Merkur in eine Kerze ein, die Sie vollständig abbrennen lassen, während Sie einen Zauber wirken.
- Zeichnen Sie das Symbol für Merkur auf ein Blatt Papier, das Sie einem Talisman beilegen.
- Begleiten Sie Ihre Zaubersprüche oder Rituale mit Handbewegungen.

Der rückläufige Merkur

Etwa alle vier Monate ist Merkur drei Wochen lang rückläufig. Während dieser Zeit scheint sich der Planet auf seiner Umlaufbahn um die Sonne rückwärts zu bewegen, das heißt er ist rückläufig. In diesen rückläufigen Phasen kann es leicht zu Verwirrungen, Fehlern, Verzögerungen, kommunikativen Schwierigkeiten oder Problemen mit Kommunikationstechnik kommen – keine gute Zeit also, um Zauber zu wirken. Ziele sind möglicherweise unklar, Absichten nicht präzise genug formuliert, und es könnte sein, dass Sie Fehler machen oder auf unvorhergesehene Komplikationen stoßen. Manchmal klappt ein Zauber nicht wie geplant oder Ergebnisse stellen sich erst viel später ein als erwartet.

Auf der positiven Seite steht zu vermerken, dass rückläufige Phasen günstig sein können, um verlorene Gegenstände wiederzufinden oder alte Kontakte wieder aufzunehmen. Es ist auch eine gute Zeit, um die eigenen intuitiven Fähigkeiten weiterzuentwickeln, die emotionalen Seiten zu pflegen, innere Einkehr zu halten, sich auf Visionssuche oder auch auf eine Reise in frühere Leben zu begeben.

Venus

Venus ist die römische Göttin der Liebe und Schönheit. Und auch in der Astrologie waltet die Venus über diese beiden Bereiche. Zusammen mit dem Mond symbolisiert sie die weibliche Energie. Im Geburtshoroskop eines Mannes steht die Venus für das Sternzeichen seiner idealen Liebhaberin; im Geburtshoroskop einer Frau beschreibt sie das Bild der Frau von sich selbst und ihrer eigenen Weiblichkeit. Venus regiert Beziehungen aller Art, insbesondere Liebesbeziehungen. Ihre Stellung in Ihrem Geburtshoroskop zeigt an, wie Sie Liebe geben und empfangen, was Sie in Beziehungen wollen und schätzen und wie Sie andere Menschen für sich gewinnen.

Begegnen Sie einer Person, deren Venus im Geburtshoroskop zur Venus in Ihrem Geburtshoroskop positiv aspektiert ist, könnte es sein, dass diese Person zärtliche Gefühle in Ihnen weckt. Starke astrologische Verbindungen im Zusammenhang mit diesem Planeten finden sich üblicherweise bei Liebespaaren und Ehepartnern, spielen aber auch in Geschäftspartnerschaften eine wichtige Rolle, denn Venus fördert Harmonie, Zusammenarbeit und Leichtigkeit.

Venus regiert außerdem die Künste und hat in den Geburtshoroskopen kreativer Menschen meist eine sehr markante Stellung. Auf ihrem Lauf durch den Tierkreis in Ihrem Geburtshoroskop beflügelt sie die Fantasie, spornt zu kreativen Leistungen an und schärft den Sinn für die schöngeistigen Dinge im Leben. Venus ist auch mit Geld und Wohlstand verbunden, was sich sehr positiv auf Ihre Finanzen auswirken kann. Von Astrologen als »Glücksplanet« betrachtet, hinterlässt Venus positive Schwingungen in allen Bereichen, die sie durchläuft, und taucht sie in einen rosigen Schein. Der Planet hat aber auch eine zügellose, eitle und träge Seite, sodass seine Energie in schlechter Ausprägung zu Extravaganzen verleiten kann.

Venus ist die Herrscherin in den Tierkreiszeichen Stier und Waage. Aber auch in den Wasserzeichen Krebs und Fische steht die Venus günstig, da diese ebenfalls mit Emotion, Mitgefühl und Feinsinn verbunden sind.

Venus in der magischen Arbeit

Es ist nicht weiter überraschend, dass die Venus-Energie in Liebeszaubern stark vertreten ist. Aber auch allen Zaubern rund um das Thema Beziehungen, private wie berufliche, verleiht sie ihre Kraft. Venus kann Ihnen helfen, einen positiven Eindruck bei anderen zu hinterlassen und Menschen anzuziehen, von denen Sie gesellschaftlich oder finanziell profitieren. Nutzen Sie ihre Energie, wenn Sie auf Jobsuche sind oder Unterstützung für ein berufliches Projekt brauchen oder auch für Wohlstandszauber. Bei rückläufiger Venus kann es leicht zu Verwirrungen, Verwechslungen, Umkehrungen oder Verzögerungen in Liebesdingen oder finanziellen Angelegenheiten kommen. (Werfen Sie einen Blick auf die Ephemeriden, um herauszufinden, wann die rückläufige Phase in Kraft ist.) Hier ein paar Anregungen, wie Sie sich mit der Venus-Energie verbinden können:

- Nutzen Sie Rosenblüten für Ihren Zauber.
- Ergänzen Sie Talismane mit Edelsteinen und Schmucksteinen, die der Venus zugeordnet sind (Rosenquarz, Jade, Türkis, Morganit, Malachit).
- Schaffen Sie Kunstwerke, die Sie in Ihre magischen Handlungen einbeziehen.
- Bereiten Sie eine rituelle Mahlzeit für Ihre Liebsten.

Mars

So wie der römische Kriegsgott ist auch der Planet Mars mit Aggression, Kampfbereitschaft und Vitalität verbunden. Seine dynamische Energie kann sich negativ äußern in Form von Wut, Gewalt, Selbstsucht und Brutalität, oder positiv in Form von Unabhängigkeit, Durchsetzungskraft, innerer Stärke und Mut. Mars symbolisiert die urmännliche Energie im Kosmos. Im Geburtshoroskop eines Mannes beschreibt der Mars das Bild des Mannes von sich selbst und seiner eigenen Männlichkeit; im Geburtshoroskop einer Frau steht der Mars für das Sternzeichen ihres idealen Liebhabers. Mars gibt zudem Hinweise auf Ihre Sehnsüchte, und seine Stellung in Ihrem Geburtshoroskop (Zeichen, Haus und Aspekte) zeigt an, wie durchsetzungsstark und tatkräftig Sie sind. Der Planet Mars wird auch mit Sex assoziiert und gibt Auskunft darüber, wie intensiv und leidenschaftlich Sie Ihre Sexualität ausleben.

Eine Person, deren Mars Aspekte zu Planeten in Ihrem Geburtshoroskop hat, stimuliert Sie vermutlich. Ob Sie dies als reizvoll oder anstrengend empfinden, als motivierend oder stressig, hängt von der genauen Positionierung ab. Starke Mars-Verbindungen finden sich häufig in den Horoskopen von Liebespaaren, wo sie förmlich die Funken sprühen lassen, aber auch in den Horoskopen erbitterter Feinde.

Die Mars-Energie kann Ihr Selbstbewusstsein stärken und Sie dazu bringen, aktiv zu werden, entschlossen zu handeln, sich zu behaupten und sich den eigenen Ängsten zu stellen. Nutzen Sie diese Planetenenergie, wenn Sie eine besondere Portion Kraft und Mut benötigen. In den Horoskopen von Sportlern nimmt Mars häufig eine markante Stellung ein, und seine geballte Kraft ist vielen körperlichen Aktivitäten förderlich. Dieser Planet hat indes auch eine impulsive, zerstörerische und arrogante Seite, die mitunter zu Unfällen oder Konflikten führen kann.

Mars ist der Herrscher im Tierkreiszeichen Widder. Aber auch in den Feuerzeichen Löwe und Schütze ist der Planet Mars günstig positioniert, da diese ihm ermöglichen, seine aktive, durchsetzungsstarke und extrovertierte Energie hervorzukehren.

Mars in der magischen Arbeit

Der Mars mischt in Sex- und Liebeszaubern mit, immer dann, wenn es um sexuelle Leidenschaft in der Paarbeziehung geht. Nutzen Sie die furchtlose, kraftvolle Natur dieses Planeten, um gefährlichen Situationen, Rivalen, Herausforderungen oder Schwierigkeiten zu trotzen. Wenn Sie gerade viel Energie und Stärke brauchen, kann Mars ein hilfreicher Begleiter sein. Er hilft auch bei sexuellen Problemen, die auf eine verminderte Libido, Erschöpfung, ein negatives Selbstbild, Angst oder das Älterwerden (insbesondere bei Männern) zurückzuführen sind. Aber Vorsicht bei Heilzaubern, da die Mars-Energie manche Probleme eher verschlimmern kann, anstatt sie zu lindern. Hier ein paar Anregungen, wie Sie sich mit der Mars-Energie verbinden können:

- Beziehen Sie Kerzen oder offenes Feuer in Ihre Zauber ein.
- Ergänzen Sie Talismane mit Edelsteinen und Schmucksteinen, die dem Mars zugeordnet sind (Blutstein, Karneol, roter Sardonyx, roter Achat).

- Beziehen Sie Eisen in Ihren Zauber ein, indem Sie beispielsweise ein rituelles Feuer in einem Eisenkessel entzünden.
- Tragen Sie während einer rituellen Handlung die Farbe Rot.

Jupiter

Jupiter, der größte Planet in unserem Sonnensystem, wird assoziiert mit Wachstum und Expansion. Er kennt keine Grenzen und lässt wachsen, was immer er berührt, sowohl in physischer als auch in psychischer Hinsicht. In die Domäne des Jupiters gehören höheres Wissen und höhere Bildung, Religion, Philosophie und Fernreisen – alles, was den Horizont und das Wissen über die Welt erweitert. Die Position dieses Planeten in Ihrem Geburtshoroskop zeigt an, in welchen Bereichen Sie expansiv und großzügig sind, und wo Sie nicht willens sind, sich maßvoll oder besonnen zu verhalten.

Manchmal als der »oberste Glücksplanet« bezeichnet, gilt der Einfluss des Jupiters gemeinhin als positiv und lebensfördernd. Begegnen Sie einer Person, deren Jupiter im Geburtshoroskop zu einem der Planeten in Ihrem Geburtshoroskop positiv aspektiert ist, könnte es sein, dass diese Person Sie optimistisch stimmt und Spaß und Freude in Ihr Leben bringt; sie kann das Beste in Ihnen zum Vorschein bringen, indem sie Sie beispielsweise ermutigt, nach Höherem zu streben oder Ihr Selbstwertgefühl zu stärken; oder indem sie Sie beruflich, privat, spirituell oder finanziell unterstützt.

Nutzen Sie die Energie des Jupiters, um Ihre Finanzen zu verbessern, einen guten Eindruck auf andere zu machen, Ihre Außenwirkung zu verstärken, sich beruflich weiterzuentwickeln oder Ihre Lebensenergie zu erhöhen. Doch auch Jupiter hat, wie alle anderen Planeten auch, eine Kehrseite – in seiner negativen Bedeutung ist er ausschweifend, exzessiv und schwärmerisch und kann Sie dazu verleiten, sich körperlich oder auch finanziell zu übernehmen.

Jupiter ist der Herrscher im Tierkreiszeichen Schütze. Aber auch in den Feuerzeichen Widder und Löwe ist der Planet Jupiter günstig positioniert, da diese ihm ermöglichen, seine ungestüme, extrovertierte Energie hervorzukehren.

Jupiter in der magischen Arbeit

Jupiter fördert Wachstum, daher begünstigt seine Energie alle Zauber, in denen es um Zuwachs, Expansion und Erweiterung geht. Seine glückbringenden Schwingungen eignen sich besonders für Wohlstandsmagie, für Liebes- und Heilzauber oder auch für Segnungen, die berufliche Erfolge oder den glücklichen Ausgang einer Rechtssache herbeiführen sollen. Hier ein paar Anregungen, wie Sie sich mit der Jupiter-Energie verbinden können:

- Platzieren Sie das astrologische Symbol für Jupiter an einer Stelle, die Sie oft sehen.
- Begeben Sie sich auf eine schamanische Reise.
- Begleiten Sie Ihr Ritual mit einem Tanz.
- Kreieren Sie einen Glücksbringer aus Edelsteinen und Schmucksteinen, die mit dem Jupiter verbunden sind (Türkis, Aventurin, Sternsaphir).

- Beziehen Sie Pflanzen ein, die dem Sternzeichen Schützen zugeordnet sind: weiße Narzissen, Weihnachtskaktus, Löwenzahn, Magnolie.

Das sichere und effektive Arbeiten mit den Kräften des Universums erfordert eine feste Verankerung in der physischen Welt, emotionale Ausgewogenheit, geistige Klarheit und integere Motive. Magiker und Astrologen benötigen daher unbedingte Disziplin, sowohl geistig als auch körperlich, um die »Pforten der Wahrnehmung« zu öffnen und sich selbst und auch niemandem sonst Schaden zuzufügen. Tägliche Meditation, Yoga, bewusste Zeiten der Stille und dergleichen helfen, den Geist zu zentrieren, um sich im Einklang mit einer höheren Ordnung leiten zu lassen, die »leise innere Stimme« zu hören und ihr zu folgen.

Saturn

Saturn wird von Astrologen meist negativ beschrieben, denn sie assoziieren ihn mit karmischen Aufgaben, mit Mühsal und Not, mit Schuldigkeit und Schmerz. In der Tat gilt er als Richter über Leben und Tod; seine Aufgabe besteht darin, uns Disziplin aufzuzwingen und Verantwortung zu übernehmen. Im Gegensatz zum expansiven Jupiter steht Saturn für Grenzen und Einschränkungen in allen Bereichen, die er aspektiert. Die Saturn-Stellung in Ihrem Geburtshoroskop zeigt an, in welchen Bereichen Sie mit Herausforderungen und Beschränkungen zu rechnen haben, wo Sie sich womöglich minderwertig fühlen oder aufgefordert sind, hart zu arbeiten. Wir sind schnell dabei, Saturn als »himmlischen Bösewicht« abzustempeln, denn so einfach und bequem, wie wir es wohl alle gerne hätten, macht er es uns nicht.

Gleichwohl bietet Saturn wertvolle Lernerfahrungen und versetzt uns in die Lage, durch eigene Mühen zu wachsen und Stärken zu entwickeln. Und auch wenn er keinen guten Ruf hat und vielen als »Unglücksplanet« gilt, sind Probleme unter seinem Einfluss nicht zwangsläufig vorprogrammiert; er zeigt uns lediglich die Ergebnisse unserer Handlungen auf, weshalb er mit Schicksal und Karma verbunden wird.

Eine Person, deren Saturn zu einem der Planeten in Ihrem Geburtshoroskop in Spannung steht, werden Sie wahrscheinlich als anstrengend, herzlos oder in irgendeiner Weise als einengend empfinden. Positiv aspektiert, kann diese Person Ihnen Sicherheit und Halt bieten.

Saturn in der magischen Arbeit

Da Saturn für Auflösung und Beendigung steht, kann er in Bannritualen oder überall dort, wo Sie aufgefordert sind loszulassen, seine starke Kraft entfalten. Auch für Schutzzauber oder Zauber, um Rivalen zu bannen, sich abzugrenzen oder innere Stärke aufzubauen, ist Saturn ein hilfreicher Begleiter. Die Wintersonnenwende, auch bekannt als Yule, ist eine gute Zeit, um mit der Energie des Saturn zu arbeiten.

Hier ein paar Anregungen, wie Sie sich mit der Saturn-Energie verbinden können:

- Hängen Sie zum Schutz Ihres Heims ein Pentakel an Haus- oder Wohnungstür.
- Wirken Sie einen Bindezauber, um negative Mächte und Gegner zu bannen.

- Platzieren Sie Edelsteine, die mit dem Sternzeichen Steinbock verbunden sind (einen schwarzen Turmalin zum Beispiel), neben Ihren Computer, um elektromagnetische Schwingungen zu absorbieren.
- Streuen Sie etwas Salz in die Ecken eines Raumes, um das Eindringen negativer Energien abzuwehren.

Der rückläufige Saturn

Etwa alle neunundzwanzig Jahre kehrt der Transitplanet Saturn in die Position zurück, die er zum Zeitpunkt Ihrer Geburt eingenommen hat. Während dieses sogenannten »Saturn Return«, wie Astrologen es nennen, sind Sie ungefähr ein Jahr lang mit Behinderungen, Herausforderungen und Unsicherheiten konfrontiert, die durch die Stellung des Planeten (Zeichen, Haus und Aspekte) in Ihrem Geburtshoroskop beschrieben sind. Jeder »Saturn Return« in Ihrem Leben markiert einen wichtigen Wandel und Übergang, bietet eine Chance auf Wachstum und Weiterentwicklung und fordert Sie auf, Entscheidungen zu treffen, der Realität ins Auge zu sehen sowie notwendige Änderungen vorzunehmen, um in die nächste Stufe Ihrer individuellen Entwicklung einzutreten.

Positiv aspektiert, kann er in Situationen, die Ordnung und Pragmatismus verlangen, vorteilhaft wirken.

Nutzen Sie die Energie des Saturn für Grundsteinlegungen im geschäftlichen, finanziellen oder privaten Bereich. Dieser Planet unterstützt Sie darin, Strukturen zu schaffen, Grenzen abzustecken, sich zu organisieren, Zukunftspläne zu schmieden, sich Ziele zu stecken oder in der materiellen Welt zu verankern.

Saturn ist der Herrscher im Tierkreiszeichen Steinbock. Aber auch in den Erdzeichen Stier und Jungfrau ist der Planet Saturn günstig positioniert, da sie ihm ermöglichen, seine pragmatische Energie zu entfalten.

Uranus

Uranus, der Planet des Wandels, reißt die Schranken und Barrieren ein, die Saturn errichtet hat. Seine Aufgabe besteht darin, bestehende Dinge aufzumischen und durcheinanderzuwirbeln, um Neuordnungen in die Wege zu leiten. Astrologen verbinden ihn mit unerwarteten oder ungewöhnlichen Ereignissen, mit Elektrizität, moderner Technologie, Innovationskraft, Freiheit, Gleichheit und der Astrologie an sich. Uranus ist der erste der äußeren Planeten und von daher mehr mit kosmischen und universellen Gegebenheiten befasst als mit persönlichen. Insofern ist es nahezu unmöglich, die Energie des Uranus zu kontrollieren. Wir können nichts weiter tun, als die Überraschungen, die er für uns bereithält, anzunehmen und in unser Leben zu integrieren.

Begegnen Sie einer Person, deren Uranus im Geburtshoroskop mit Planeten in Ihrem Geburtshoroskop positiv aspektiert ist, könnte es sein, dass diese Person Sie stimuliert. Ob Sie dies als reizvoll und inspirierend oder als anstrengend und aufreibend empfinden, hängt von den beteiligten Planeten (und Menschen) ab. Die Auswirkungen eines Uranus-Einflusses vorherzusagen ist schwierig, eines aber ist sicher: Sie werden danach nicht mehr die Gleiche sein.

Uranus wirkt häufig als Katalysator, der Sie drängt, notwendige Änderungen vorzunehmen. Nutzen Sie die Energie des Uranus, um aus gewohnten Bahnen auszubrechen, Neues auszuprobieren, mutig zu sein, aufzubegehren, Grenzen zu durchbrechen oder nach höheren Wahrheiten zu streben.

Saturn ist der Herrscher im Tierkreiszeichen Wassermann. Aber auch in den Luftzeichen Zwillinge und Waage ist der Planet Uranus günstig positioniert, obwohl es bisweilen so scheint, als hätte er mehr mit dem unabhängigen Widder gemein (ebenfalls eine günstige Positionierung).

Uranus in der magischen Arbeit

Uranus kann Ihnen dabei helfen, Veränderungen herbeizuführen. Allerdings werden Sie wohl kaum kontrollieren können, wie und wo diese eintreten und was sie bewirken werden. Uranus ist ein kraftvoller Planet und wirkt häufig zerstörerisch – im Tarot entspricht er dem Turm. Doch er hilft auch, uns in höhere Sphären zu tragen, denn er dient als Brücke in die astrale Welt. Hier ein paar Anregungen, wie Sie sich mit der Uranus-Energie verbinden können:

- Entzünden Sie Räucherwerk, um Botschaften in die geistige Welt zu senden.
- Beginnen Sie etwas Neues, ganz Anderes, um Ihre persönliche Entwicklung zu fördern und Ihr Wissen zu mehren.
- Misten Sie aus, und gestalten Sie Ihr Zuhause nach den Grundsätzen des Feng Shui neu.
- Platzieren Sie die Tarotkarte »Der Turm« an einer gut sichtbaren Stelle.

Neptun

In der Mythologie ist Neptun ein römischer Gott und Herrscher über die Meere. In der Astrologie regiert der Planet das kollektive Unbewusste, die spirituelle Welt und die nicht-physischen Dimensionen des Seins. Er steht zudem für Träume, Fantasien, Vorstellungskraft, Religion, Mitgefühl, Intuition und Ideale. Neptun steht für Auflösung in allen Bereichen, die er aspektiert – nicht in radikal zerstörerischer Weise, sondern ganz subtil, nach dem Motto »steter Tropfen höhlt den Stein«.

Begegnen Sie einer Person, deren Neptun im Geburtshoroskop zu einem Planeten in Ihrem Geburtshoroskop positiv aspektiert ist, könnte es sein, dass diese Person romantische oder geheimnisvolle Gefühle in Ihnen weckt. Doch Neptun erzeugt auch Verwirrungen, unrealistische Wunschvorstellungen und setzt uns gerne die rosarote Brille auf.

Wie bei allen anderen äußeren Planeten auch, wirkt die Neptun-Energie auf einer transpersonalen Ebene und ist eher mit universalen als mit individuellen Belangen befasst. Neptun-Energie kann Ihnen helfen, kreativer zu werden, Ihre Intuition zu schärfen, und Ihnen das Tor zur spirituellen Welt öffnen. Neptunische Einflüsse sind derart flüchtig, dass es schwierig ist, sie zu lenken oder zu kontrollieren, was bisweilen zu Wahnvorstellungen oder auch destruktiven Haltungen und Verhaltensweisen führt.

Neptun ist der Herrscher im Tierkreiszeichen Fische. Aber auch in den Wasserzeichen Krebs und Skorpion ist der Planet Neptun günstig positioniert, da diese ihm ermöglichen, seine Energie positiv zu entfalten.

Neptun in der magischen Arbeit

Neptun-Energie wirkt unterstützend bei jeder Form der Seelenarbeit und Wahrsagerei, sie verstärkt unsere intuitiven Fähigkeiten, unsere Sensibilität für andere Menschen sowie unsere Verbindung mit nicht-physischen Welten. Zudem spielt sie eine zentrale Rolle in der Traumarbeit und kann Ihnen helfen, Einsichten aus Ihren Träumen zu gewinnen. Die größte Herausforderung in der Arbeit mit der Energie dieses Planeten besteht darin, Visionen und Eindrücke klar zu deuten, da Neptuns Einfluss zu realitätsfernen Illusionen und Verwirrungen führen kann. Hier ein paar Anregungen, wie Sie sich mit der Merkur-Energie verbinden können:

- Nehmen Sie ein rituelles Bad.
- Kreieren Sie eine Rezeptur für einen magischen Trank.
- Begleiten Sie Ihre magischen Rituale mit Musik.
- Nutzen Sie ein Pendel.

Pluto

Trotz der unlängst erfolgten Herabstufung Plutos zum Zwergplaneten durch die Wissenschaft gilt er den Astrologen nach wie vor als ein Planet – und wehe dem, der sein Ansehen zu schmälern sucht! Als Herrscher der Unterwelt regiert Pluto über alles Verborgene. In seine Domäne fallen Geheimnisse, dunkle Mächte, verbotene oder verdeckte Tätigkeiten, das tiefste Innere der Seele, Tabus sowie tiefe Ängste und Manien. Pluto, der »Zerstörer«, wie man ihn auch nennt, wird mit Tod und Wiedergeburt verbunden ebenso wie mit Wandlungen aller Art. In der griechischen Mythologie ist Pluto durch Hades in der Persephone-Sage verkörpert und erscheint auch in vielen anderen Geschichten.

Begegnen Sie einer Person, deren Pluto im Geburtshoroskop zu einem der Planeten in Ihrem Geburtshoroskop aspektiert ist, könnte es sein, dass diese Person Sie in irgendeiner Weise verändert, sei es zum Guten oder zum Schlechten, und die beste oder dunkelste Seite in Ihnen weckt. Sie fühlen sich von dieser Person möglicherweise stark angezogen oder abgestoßen; auch Machtkämpfe und Kontrollmechanismen ebenso wie eine starke sexuelle Anziehung sind oft mit Pluto-Aspekten verbunden.

Wie Uranus und Neptun operiert auch Pluto auf einer universalen, transzendenten und karmischen Ebene, ohne große Rücksicht auf persönliche Belange. Seine Aufgabe besteht darin, Dinge zu fördern und weiterzuentwickeln, auch die Menschheit. Pluto-Energie kann Ihnen helfen, die eigene Kraft und Stärke zu mobilisieren und zu bekunden, Hindernisse zu überwinden, unerwünschte Verhaltensmuster und Gewohnheiten abzulegen und sich mit Ihrem inneren Selbst und höheren Welten zu verbinden.

Pluto ist der Herrscher im Tierkreiszeichen Skorpion. Aber auch in den Wasserzeichen Krebs und Fische steht Pluto günstig, da diese ebenfalls mit dem Unbewussten, mit Intuition und Emotion verbunden sind.

Pluto in der magischen Arbeit

Astrologen betrachten Pluto als den planetarischen Herrscher der Magie, der Alchemie und der okkulten Welt. Wann immer Sie Zauber wirken, bedienen Sie sich der unsichtbaren Kräfte im Kosmos und Ihrer eigenen Seele, um Ergebnisse hervorzubringen. Die Pluto-Energie ist praktisch jeder Form von magischer Arbeit förderlich und besonders hilfreich für Liebes- und Sexualzauber, Bannzauber und Reinigungszauber, um innere Kräfte zu stärken oder um die Grenzen der physischen Welt zu überschreiten und in andere Dimensionen zu reisen. Viele schamanische Praktiken, darunter das sogenannte »Shapeshifting« (Gestaltwandlung), machen sich die Pluto-Energie zunutze. Samhain, eines der großen keltischen Feste, ist eine gute Zeit für die magische Arbeit mit der Pluto-Energie. Hier ein paar Anregungen, wie Sie sich mit der Pluto-Energie verbinden können:

- Vergraben Sie symbolisch etwas, das Sie bannen oder loslassen wollen.
- Üben Sie sich in der Trancearbeit, um in andere Wirklichkeitsebenen einzutreten.
- Lassen Sie alte Vorstellungen oder Verhaltensweisen los, indem Sie sie auf ein Blatt Papier schreiben, das Sie danach verbrennen.
- Lenken Sie die Sexualenergie in Richtung der erwünschten Ziele.

KAPITEL 8

DAS ASTROLOGISCHE JAHR

Könige, sagt man, haben lange Arme. Aber jeder Mensch sollte lange Arme haben und seinen Lebensunterhalt, seine Werkzeuge, seine Kraft und sein Wissen von der Sonne, vom Mond und von den Sternen pflücken.

RALPH WALDO EMERSON

Das astrologische Jahr beginnt mit dem Frühlingsäquinoktium – mit dem Tag, an dem die Sonne in den Widder eintritt, in das erste Tierkreiszeichen. Zu dieser Zeit sind Tag und Nacht auf der nördlichen Hemisphäre gleich lang (Tagundnachtgleiche). Von jetzt an nehmen die Sonnenstunden zu und die Tage werden länger, bis sie ab der Sommersonnenwende, dem längsten Tag des Jahres, langsam wieder kürzer werden und der Wintersonnenwende entgegengehen, dem kürzesten Tag des Jahres. Der Lauf der Sonne durch die zwölf Tierkreiszeichen kann als Zyklus angesehen werden, der die Entwicklung des Bewusstseins beschreibt, als eine symbolische Reise von Anbeginn über Wachstum und Selbstwerdung bis hin zu Auflösung, Tod und Wiedergeburt.

Die astrologischen Tierkreiszeichen sind in vier Naturelement-Gruppen unterteilt: Feuer, Erde, Luft und Wasser. Astrologen gliedern sie zudem in drei Qualitäten (oder Stadien): kardinal, fix, veränderlich.

Zu den Kardinalzeichen zählen Widder, Krebs, Waage und Steinbock; sie gelten als aktiv, durchsetzungsstark und selbstbewusst. Sind die kardinalen Zeichen in Ihrem Geburtshoroskop besonders betont, legen Sie einen »starken schöpferischen Impuls« an den Tag, wie der Astrologe Robert Hand es nennt, und wissen Ihre Wünsche und Ziele durchzusetzen.

Zu den Fixzeichen zählen Stier, Löwe, Skorpion und Wassermann; sie gelten als gefestigt und strukturiert. Sind die fixen Zeichen in Ihrem Geburtshoroskop besonders betont, ist es Ihnen wichtig, den Dingen und Werken eine Form zu geben. Sie können aber auch ziemlich stur sein, geradezu festgefahren in Ihren Vorstellungen und Verhaltensweisen.

Zu den veränderlichen Zeichen zählen Zwillinge, Jungfrau, Schütze und Fische; sie gelten als flexibel und anpassungsfähig. Sind die veränderlichen Zeichen in Ihrem Geburtshoroskop besonders betont, sind Sie vielseitig, können sich neuen Umständen leicht anpassen und scheuen vermutlich Verpflichtungen.

Widder

Jedes Jahr zur Tagundnachtgleiche im Frühjahr (Frühlingsäquinoktium) um den 21. März tritt die Sonne in das Zeichen Widder ein und verweilt dort bis etwa zum 19. April (was von Jahr zu Jahr geringfügig abweichen kann). Dies ist die Zeit des Anfangs, der Ausgangspunkt, der Beginn eines neuen

Lebens auf der nördlichen Erdhalbkugel, wenn die Natur voll Wonne aus ihrem langen Winterschlaf erwacht. Widder-Energie ist roh, ursprünglich, kraftvoll, dynamisch, durchsetzungsstark, spontan, männlich. Als ein kardinales Feuerzeichen steht Widder für einen aktiven Geist, für Inspiration und den Drang, sich aus der Gruppe zu lösen und als unabhängige, eigenständige Person zu profilieren.

Mit Widder-Energie arbeiten

Dies ist die Zeit, um sich zu behaupten und Vorhaben in die Tat umzusetzen. Während die Sonne im Widder steht, verbinden Sie sich mit dem ersten Rausch der aufblühenden Natur, gehen hinaus in die Welt und umarmen die Herausforderungen des Lebens.

Konzentrieren Sie sich auf sich selbst, auf das, was Sie brauchen, um sich glücklich und erfüllt zu fühlen. Seien Sie mutig, gehen Sie Risiken ein, lernen Sie neue Leute kennen, initiieren Sie Projekte, experimentieren Sie, haben Sie Spaß! Zögern Sie nicht – handeln Sie.

Während die Sonne im Widder steht, wirken Sie Zauber, um neue Impulse zu wecken, neue Vorhaben zu segnen oder in Gang zu bringen, insbesondere solche, die möglichst schnell Früchte tragen sollen. Wirken Sie Zauber, um Hindernisse zu überwinden, Herausforderungen anzugehen, sich vom Einfluss einer anderen Person zu lösen oder um Bewegung in festgefahrene oder blockierte Situationen zu bringen. Auch Zauber zur Steigerung der körperlichen Vitalität können von der Widder-Energie profitieren.

Stier

Vom 20. April bis zum 20. Mai etwa steht die Sonne im Stier. Auf der nördlichen Erdhalbkugel ist dies die Zeit der Befruchtung und des Wachstums, die Erde beginnt zu erblühen. Während der Widder-Zeit gesäte Samen (ebenso wie gefasste Ideen) beginnen jetzt zu sprießen und zu wachsen. Stier-Energie ist langsam und stetig, nährend, stabilisierend, fühlbar, beständig, fruchtbar, gewinnorientiert, weiblich. Als ein fixes Erdzeichen steht der Stier für Manifestation, für den Drang, kreative Gemeinschaften zu bilden, durch die etwas Greifbares und Bleibendes entstehen kann.

Mit Stier-Energie arbeiten

Dies ist die Zeit, um Ideen zu realisieren und sie in die Tat umzusetzen. Nutzen Sie Ihre Ressourcen – Talente, Geld und körperliche Fähigkeiten –, um etwas Funktionales und Dauerhaftes zu schaffen. Finanzielle und materielle Überlegungen können jetzt in den Fokus treten. Überprüfen Sie Ihre Werte und überlegen Sie, was Ihr Selbstwertgefühl steigern könnte. Lenken Sie Ihren Blick auf die Schönheit, tauchen Sie ein in die Welt der Sinne, genießen Sie Ihren Körper, knüpfen Sie neue Kontakte und werden Sie schöpferisch tätig.

Während die Sonne im Stier steht, wirken Sie Zauber, um Fülle aller Art zu erzeugen. Dies ist ein guter Monat für Wohlstands-, Karriere- und Erfolgszauber, für Liebes- und Fruchtbarkeitszauber, für Zauber zur künstlerischen Inspiration und für Schutzzauber. Sexualzauber können jetzt besonders effektiv sein. Stier-Energie kann zudem beitragen, die körperliche Kraft oder die sexuelle Leistungsfähigkeit zu steigern.

Zwillinge

Vom 21. Mai bis zum 20. Juni etwa steht die Sonne in den Zwillingen. Dies ist die Zeit der Interaktion und des Austeilens. Energie, die sich während der Stier-Zeit verdichtet und verfestigt hat, wird nun freigesetzt und zieht von Ort zu Ort. Für alle, die jetzt ihren sozialen Radius erweitern, sich aus einem kleinen Kreis geliebter Menschen in eine größere Gemeinschaft hineinbewegen, gewinnen soziale Aktivitäten, Austausch und Kommunikation an Bedeutung. Zwillinge-Energie ist (geistig) rege, wandelbar, neugierig, anpassungsfähig, vielseitig, lebendig und androgyn. Als ein veränderliches Luftzeichen steht Zwillinge für den Impuls zu lernen, zu (er)leben und mit anderen zu teilen.

Mit Zwillinge-Energie arbeiten

Dies ist die Zeit, um Ihr Kontaktnetz zu erweitern, um freundschaftliche und geschäftliche Beziehungen zu entwickeln oder sich im Gemeinwesen zu engagieren. Entdecken Sie die Welt der Ideen und kommunizieren Sie mit anderen Menschen. Erlernen Sie neue Fähigkeiten, lesen, schreiben und studieren Sie, erweitern Sie Ihre geistigen Fähigkeiten und geben Sie Ihrer Neugier nach.

Während die Sonne in Zwillinge steht, konzentrieren Sie sich auf die Kraft der inneren Bilder und arbeiten Sie mit Zaubersprüchen. Begleiten Sie Ihre magische Arbeit mit Affirmationen oder Beschwörungsformeln. Studieren Sie die verschiedenen magischen Traditionen und Praktiken oder lernen Sie dazu, indem Sie sich auf Ihrem ganz eigenen Weg mit anderen austauschen. Dies ist eine gute Zeit, um sich mit Ihren spirituellen Führern zu verbinden und mithilfe der Telepathie Menschen zu kontaktieren, die über übliche Kanäle nicht erreichbar sind, oder um Nachrichten und Bitten an Gottheiten zu senden. Auch Zauber zur Förderung geschäftlicher Vorgänge oder zwischenmenschlicher Kommunikation können von der Zwillinge-Energie profitieren.

Krebs

Zur Sommersonnenwende um den 21. Juni tritt die Sonne in das Zeichen Krebs ein und verweilt dort bis etwa zum 22. Juli. Krebs steht für den Drang, Wurzeln zu schlagen, sich mit dem eigenen Erbe und der eigenen Vergangenheit zu verbinden, eine sichere Basis in der menschlichen Gemeinschaft zu schaffen und alles, was einem lieb und teuer ist, zu schützen. Die frei umherziehende Energie aus der Zeit der Zwillinge-Sonne wird nun gesammelt und genutzt, um das innere Selbst zu nähren. Als ein kardinales Wasserzeichen ist der Krebs sensibel, zurückhaltend, emotional, nährend, labil, besitzergreifend und weiblich.

Mit Krebs-Energie arbeiten

Dies ist die Zeit, um sich nach innen zu wenden und den Sinn für die eigene Kraft, für Sicherheit und emotionale Stabilität zu nähren. Vielleicht möchten Sie sich mit Ihrer Kindheit auseinandersetzen und ergründen, inwiefern Ihre frühen Erfahrungen Sie bis heute prägen. Auch familiäre Beziehungen können jetzt gefestigt oder erforscht werden.

Während die Sonne im Krebs steht, arbeiten Sie daran, Ihre Intuition weiterzuentwickeln. Dies ist auch eine gute Zeit für Fruchtbarkeitszauber, Schutzzauber für Heim und Familie oder eine Rückführung in frühere Leben unter Hypnose.

Löwe

Vom 23. Juli bis zum 22. August etwa steht die Sonne im Löwen. Dies ist die Zeit der Fruchtbarkeit und Fülle. Die Ernten sind reif, die reiche Erde schenkt im Überfluss. Jetzt ist die Zeit, um Ihre schöpferischen Kräfte in vielfacher Weise auszuleben. Richten Sie Ihre Aufmerksamkeit auf Dinge, die Sie lieben, die Ihnen ein Gefühl der Erfüllung, Sinnhaftigkeit und Identität geben – dies nämlich sind Ihre Gaben an die Welt. Als ein fixes Feuerzeichen steht Löwe für den Drang, sich selbst auszudrücken und Nachkommen zu produzieren – seien es Kinder des Geistes oder des Körpers.

Mit Löwe-Energie arbeiten

Dies ist die Zeit, sich in kreativer Weise zum Ausdruck zu bringen, ganz egal, ob Sie sich als Künstlerin sehen oder nicht. Entdecken Sie das Besondere an sich und entfalten Sie Ihre Talente so, dass Sie Freude daran haben. Lassen Sie Ihre Schönheit erstrahlen. Entspannen Sie sich, amüsieren Sie sich, haben Sie Spaß, knüpfen Sie Kontakte, seien Sie liebevoll. Konzentrieren Sie sich ganz auf sich und darauf, was Sie glücklich macht.

Während die Sonne im Löwen steht, wirken Sie Zauber, um Selbstwertgefühl, Führungsqualitäten, sozialen Stand, berufliche Stellung oder Ihr öffentliches Image zu verbessern. Insbesondere

Künstlertypen können von magischen Praktiken profitieren, um ihre Vorstellungskraft und Produktivität zu steigern. Auch Liebeszauber bekommen mit der Löwe-Energie einen ordentlichen Schub.

Jungfrau

Vom 23. August bis zum 22. September etwa steht die Sonne in Jungfrau. Während dieser Zeit der Ernte fahren Sie ein, was Sie im Frühjahr gesät haben – eine geschäftige Zeit, die viel Arbeit bedeutet. Jungfrau steht für den Impuls, etwas Sinnvolles in der Welt zu tun und anderen zu helfen. Als ein veränderliches Erdzeichen ist Jungfrau ordentlich, praktisch, mitfühlend, bescheiden, analytisch, einfühlsam und weiblich.

Mit Jungfrau-Energie arbeiten

Dies ist die Zeit, sich der Arbeit und beruflichen Beziehungen zu widmen. Entwickeln Sie Ideen und finden Sie Mittel und Wege, sie in die Tat umzusetzen. Arbeiten Sie effizient, perfektionieren Sie Abläufe, organisieren Sie sich, klären Sie offene Fragen. Achten Sie auf Ihre Ernährung und Gesundheit.

Während die Sonne in Jungfrau steht, führen Sie Zauber und Rituale durch, um Ihre berufliche Situation oder die Zusammenarbeit mit Mitarbeitern und Kollegen zu verbessern. Dies ist auch eine gute Zeit, um Energie- und Heilarbeit zu vollbringen und die magischen Eigenschaften von Pflanzen zu nutzen. Achten Sie auf die Erde und ihre reiche Fülle sowie auf Totemtiere, die Sie unterstützen können.

Waage

Zum Herbst-Äquinoktikum um den 23. September tritt die Sonne in das Zeichen Waage ein und verweilt dort bis etwa zum 22. Oktober. Dies ist die Zeit der Vereinigung und Partnerschaft. Waage steht für den Drang, die eigenen Energien mit denen anderer Menschen zu ergänzen, Yin und Yang in einen harmonischen Einklang zu bringen. Während dieser Zeit im natürlichen Kreislauf des Werdens und Wachstums ist die Beziehung wichtiger als die persönlichen Bedürfnisse. Als ein kardinales Luftzeichen ist Waage anpassungsfähig, kultiviert, passiv, ruhig, unentschlossen, nüchtern, gesellig, objektiv.

Mit Waage-Energie arbeiten

Dies ist die Zeit, um Partnerschaften in Liebe oder Beruf zu festigen. Lernen Sie, Kompromisse zu schließen und Bedürfnisse zu respektieren, die der anderen ebenso wie die eigenen. Bemühen Sie sich in allen Beziehungen um Fairness. Anstatt eigene Ziele zu verfolgen, unterstützen Sie andere, um deren Ziele und Projekte zum Wohle aller voranzubringen. Auch soziale Aktivitäten sind in diesem astrologischen Monat günstig beschienen.

Liebeszauber bekommen mit der Waage-Energie einen ordentlichen Schub. Dies ist auch eine gute Zeit für Zauber, um berufliche Beziehungen zu verbessern oder Menschen anzuziehen, die Ihnen auf dem Weg zu Ihren sozialen oder beruflichen Zielen weiterhelfen können. Insbesondere Künstlertypen können von magischen Praktiken profitieren, um ihre Produktivität zu steigern oder zu Erfolg und Anerkennung zu gelangen. Auch

Zauber in Bezug auf Rechtsangelegenheiten oder Gerechtigkeit können von der Waage-Energie profitieren.

Skorpion

Vom 23. Oktober bis zum 21. November etwa steht die Sonne im Skorpion. Dies ist die Zeit des Todes und der Wiedergeburt, wenn Ernterückstände untergepflügt werden, um zu verfaulen und den Boden zu düngen. In dieser Zeit ziehen sich Lebenskräfte und Lebenssäfte in die Wurzeln zurück, und aktive Energie wandert von außen nach innen. Skorpion-Energie ist leidenschaftlich, wirkt unter der Oberfläche, ist intensiv, destruktiv, regenerativ, kontrollierend und weiblich. Als ein fixes Wasserzeichen steht Skorpion für den Drang, die Tiefen emotionaler Erfahrung zu ergründen und alte Strukturen zu zerstören, um Platz zu schaffen für Neues.

Mit Skorpion-Energie arbeiten

Eine gute Zeit, um alte Gewohnheiten und Verhaltensweisen, die Sie gebremst haben, abzulegen. Macht und Kontrolle könnten jetzt ein Thema werden. Reflektieren Sie uralte Ängste, Blockaden und emotionale Muster, die aus der Kindheit oder früheren Leben herrühren. Psychologische Beratung kann jetzt sehr hilfreich sein.

Skorpion wird assoziiert mit Magie, okkulten Mächten und verborgenen Welten – eine gute Zeit also, um Magie aller Art zu praktizieren. Insbesondere »Shapeshifting«, Rückführung in frühere Leben, Sexualmagie, Wahrsagen, schamanische Reisen und Wohlstandszauber können von der Skorpion-Energie profitieren.

Schütze

Vom 22. November bis zum 21. Dezember etwa steht die Sonne in Schütze. Dies ist die Zeit der Expansion, die meist auch den Aspekt der Suche einschließt. Vielleicht suchen Sie nach Wissen und Erfahrung, um Ihr Leben auf jeder Ebene zu bereichern. Schütze-Energie ist ruhelos, neugierig, gesellig, lebhaft, wandelbar, optimistisch, grenzenlos und männlich. Als ein veränderliches Feuerzeichen steht Schütze für den Drang, bestehende Grenzen zu überschreiten, Träume und Ideale zu verfolgen und Erkenntnisse mit anderen Menschen zu teilen.

Mit Schütze-Energie arbeiten

Dies ist die Zeit, um Wissen aller Art zu mehren. Spirituelle Bücher, Mythologie, Psychologie und Philosophie können jetzt wertvolle Erkenntnisse liefern. Profitieren Sie von Reisen und fremden Kulturen, um die Welt und ihren Platz darin besser zu verstehen.

Erweitern Sie Ihr Wissen über magische Traditionen in Theorie und Praxis. Dies ist auch eine gute Zeit, um sich auf die Suche nach einer Vision oder auf eine schamanische Reise zu begeben. Wirken Sie Zauber zur Unterstützung von Geschäfts- oder Urlaubsreisen. Begleiten Sie magische Rituale mit Tanz und Musik. Nutzen Sie die expansive Natur dieses Zeichens, um Wachstum und Erweiterung in praktisch allen Bereichen zu fördern.

Steinbock

Zur Winter-Sonnenwende um den 22. Dezember tritt die Sonne in das Zeichen Steinbock ein und verweilt dort bis etwa zum 19. Januar. Die Sonne hat ihren tiefsten Punkt überschritten und die Tage auf der nördlichen Hemisphäre werden langsam wieder länger. Dies ist die Zeit der Errungenschaften in der äußeren Welt, die Zeit, die eigene Rolle im Drama des Lebens zu erkennen und zu erfüllen. Steinbock-Energie ist pragmatisch, beständig, hartnäckig, konstant, materialistisch, zurückhaltend und weiblich. Als ein kardinales Erdzeichen steht Steinbock für den Drang, Ziele zu erreichen, Stabilität und Struktur zu schaffen und an der Zukunft zu bauen.

Mit Steinbock-Energie arbeiten

Dies ist die Zeit, um sich auf Karriereziele zu konzentrieren oder Eindruck zu hinterlassen. Legen Sie Grundsteine für die Zukunft, setzen Sie sich Ziele, etablieren Sie sich in Ihrer Gemeinde und verfolgen Sie zielstrebig und organisiert Ihre Pläne. Behalten Sie Ihre Finanzen im Blick. Konzentrieren Sie sich auf praktische Belange und verwirklichen Sie Ihre Träume.

Wirken Sie Zauber, um einen Job zu bekommen, um Ihre Karriere voranzubringen oder Ihr öffentliches Image zu verbessern. Dies ist auch eine gute Zeit, um Wohlstandszauber zu wirken oder ein Unternehmen zu segnen. Auch Bannzauber, um Gegner abzuwehren, sowie Zauber, um Grenzen abzustecken, können jetzt erfolgreich sein.

Wassermann

Vom 20. Januar bis zum 18. Februar etwa steht die Sonne im Wassermann. Dies ist die Zeit, alte Strukturen aufzulösen und Neues in Gang zu bringen. Starre Organisationsmodelle werden durch flache Hierarchien ersetzt, die der Menschheit im Allgemeinen und nicht nur einer privilegierten Minderheit zugutekommen. Wassermann-Energie ist rebellisch, unabhängig, gesellig, sachlich, unberechenbar, idealistisch und männlich. Als ein fixes Luftzeichen steht Wassermann für den Drang nach Veränderung und Freiheit.

Mit Wassermann-Energie arbeiten

Jetzt ist die Zeit für Veränderungen. Geben Sie Ihrem Leben eine neue Richtung. Öffnen Sie sich für neue Erfahrungen und Menschen. Haben Sie keine Angst, Risiken einzugehen. Seien Sie spontan. Genießen Sie Freundschaften, Gruppenaktivitäten und geistige Herausforderungen. Bringen Sie Ihr einzigartiges Wesen zur Geltung, und kümmern Sie sich nicht weiter darum, was andere über Sie denken könnten.

Wassermann steht auch für die Astrologie als solche – und jetzt ist eine gute Zeit, um sie zu studieren und die Erkenntnisse daraus zu nutzen. Wirken Sie Zauber, um Veränderungen zu befördern, verkrustete Strukturen aufzubrechen oder zu Handlungen anzuregen. Wer nach Freiheit und Unabhängigkeit strebt, kann dieses Ziel mit einem Zauber unterstützen. Auch Zauber, um neue Freunde zu gewinnen, können von der Wassermann-Energie profitieren. Bringen Sie sich ein, um in einer Gruppe auf ein gemeinsames Ziel hinzuarbeiten oder nehmen Sie an den Treffen und Ritualen einer Gruppe teil.

Fische

Vom 19. Februar bis zum 20. März etwa steht die Sonne in Fische. Dies ist die Zeit der Auflösung, die Zeit, um physische Grenzen zu überschreiten, um sich mit dem kollektiven Unbewussten und dem Göttlichen zu verbinden. Inspiration aus höheren Welten kann einkehren, Vorstellungskraft und Kreativität beflügeln. Fische-Energie ist sanft, mitfühlend, künstlerisch, emotional, geheimnisvoll, idealistisch und weiblich. Als ein veränderliches Wasserzeichen steht Fische für den Wunsch der vollständigen Verschmelzung, um das individuelle Selbst einem höheren Zweck zu opfern.

Mit Fische-Energie arbeiten

Dies ist die Zeit, Ihre Träume zu analysieren, um Einsichten und Orientierung zu bekommen. Innere Einkehr oder der zeitweilige Rückzug in die Stille kann Ihnen helfen, auf einer tiefen Ebene mit sich selbst in Fühlung zu kommen. Hören Sie Musik. Malen Sie. Schreiben Sie Gedichte. Lassen Sie Ihrer Fantasie freien Lauf, und streben Sie nicht nach Perfektion; werten und urteilen Sie nicht, sondern genießen Sie die Dinge.

Während die Sonne in Fische steht, stellen Sie fest, dass Ihre Verbindung mit den spirituellen Welten gestärkt wird. Die Kommunikation mit geistig-spirituellen Führern, Ahnen oder dem höheren Selbst anderer Menschen fällt jetzt leichter. Ihre übersinnlichen Fähigkeiten werden durch die Fische-Energie verstärkt – vertrauen Sie Ihrer Intuition. Auch Heilkräfte sind jetzt sehr viel stärker erfahrbar. Dies ist eine besonders gute Zeit für Traumarbeit, fürs Orakeln und Wahrsagen. Bereiten Sie auch magische Zaubertränke und Gebräue zu.

Indem Sie im Einklang mit dem Lauf der Jahreszeiten und den zwölf Zeichen im Tierkreisrad leben, werden Sie zu einer tieferen, harmonischeren Verbindung mit der Erde und dem Universum finden – was zudem Ihre magische Arbeit fördert und bereichert. Jedes Zeichen geht aus dem vorangegangenen Zeichen hervor und reagiert darauf, während es zugleich die Grundlage für das nachfolgende Zeichen schafft. Die vorwärtsstrebende Widder-Energie wird von der stabilisierenden Stier-Energie eingefangen und zur Reife gebracht, die dann wiederum durch die nach Freiheit strebende Zwillinge-Energie verteilt wird. Und so dreht sich das Rad immer weiter. Auf männliche Zeichen folgen weibliche, auf weibliche wieder männliche. Auf expansive, umtriebige Zeichen folgen zurückhaltende, nach innen gekehrte. Auf Feuerzeichen folgen Erdzeichen, folgen Luftzeichen, folgen Wasserzeichen. Auf kardinale Zeichen folgen fixe, auf fixe Zeichen folgen veränderliche – in einem endlosen Kreis. So regulieren die planetarischen Energien selbst ihre Einflüsse auf die Erde durch ein kosmisches System der ausgleichenden Kräfte.

KAPITEL 9

DAS JAHRESRAD

Ein jegliches hat seine Zeit, und alles Vorhaben unter dem Himmel hat seine Stunde.

DER PREDIGER SALOMO 3.1

Viele der Feiertage, die wir heute begehen, haben ihre Wurzeln in alten heidnischen Festen, die auf den Sonnenzyklen basieren. Die wichtigsten waren für unsere Vorfahren die Sonnenwenden und Tagundnachtgleichen, die als Viertel-Tage bezeichnet werden. Sie teilen das Jahr in vier Viertel und markieren den Eintritt der Sonne in die vier Kardinalzeichen des Tierkreises – die Frühjahrs-Tagundnachtgleiche, wenn die Sonne 0 Grad Widder erreicht, die Sommersonnenwende bei 0 Grad Krebs, die Herbst-Tagundnachtgleiche bei 0 Grad Waage und die Wintersonnenwende bei 0 Grad Steinbock.

Die Kreuz-Viertel-Tage – Imbolc, Beltane, Lughnasadh und Samhain – unterteilen die Zeiten zwischen den Viertel-Tagen noch einmal, was bedeutet, dass es etwa alle sechs Wochen einen Feiertag gibt. Manche Leute begehen diese Feiertage an den Tagen, wenn die Sonne 15 Grad der fixen Sternzeichen Stier, Löwe,

Skorpion und Wassermann erreicht. Andere legen sie zwischen den 31. und den 2. eines Monats in einem fixen Sonnenzeichen.

Wicca und Neuheiden feiern diese acht Festtage bis heute, zeichnen den Jahreslauf der Sonne über den Himmel nach (wie er uns von der Erde aus erscheint) und erzählen die Geschichte von Wachstum, Reife, Abstieg, Tod und Wiedergeburt des Sonnenkönigs. Zusammengenommen bilden sie das sogenannte Jahresrad. In ihrem Buch *The Spiral Dance* beschreibt Starhawk die Festtage als »die acht Punkte, an denen wir den inneren und äußeren Kreis verbinden; die Räume, in denen das Jahreszeitliche, das Himmlische, das Soziale, das Kreative und das Persönliche aufeinandertreffen«.

In den frühen Bauernkulturen spiegelte der Lauf der Jahreszeiten die Beziehung zwischen Natur und Menschheit. Feste erinnerten an den Wechsel zwischen Zeiten der Fruchtbarkeit und Zeiten der Dürre, Zeiten der Aktivität und Zeiten der Ruhe, Zeiten äußeren und Zeiten inneren Lebens. Heute arbeiten die meisten von uns nicht mehr auf dem Land, und nur wenige leben in enger Verbundenheit mit der Natur. Das Feiern der acht Festtage des Jahresrads bietet uns eine Gelegenheit, uns neu mit der Erde und dem Himmel sowie mit den Gottheiten zu verbinden, die mit diesen Tagen assoziiert sind.

Samhain

Samhain (ausgesprochen Sa-un oder Sow-in), auch Halloween oder katholisch Allerheiligen genannt, wird gewöhnlich am 31. Oktober gefeiert, wenn die Sonne im Skorpion steht. Samhain bedeutet »Sommerende«. Lange Nächte und kühles Wetter kommen auf die Erde (auf der nördlichen Halbkugel) herab, wenn die Kräfte des Sonnenkönigs schwinden. Dies ist die Jah-

ZAUBER FÜR DAS NEUE JAHR

Mischen Sie ein Kartendeck mit Ogham- oder nordischen Runen, und ziehen Sie mit geschlossenen Augen acht Karten heraus. Die erste Rune, die Sie gezogen haben, beschreibt die Umstände, Erfahrungen, Ereignisse, Einsichten und Herausforderungen, die Sie zwischen Samhain und der Wintersonnenwende vermutlich erwarten. Die zweite Rune zeigt, was Ihnen wahrscheinlich zwischen der Wintersonnenwende und Imbolc widerfahren wird. Die dritte gibt einen Hinweis darauf, was zwischen Imbolc und Ostara geschehen dürfte. Alle weiteren Runen liefern Ihnen Informationen und können als Orientierungshilfen für das bevorstehende Jahresrad dienen.

Notieren Sie die Ergebnisse in Ihrem Zauberbuch oder Buch der Schatten, damit Sie im Laufe des Jahres darauf zurückgreifen können. Schreiben Sie auch die Ereignisse und Erfahrungen der kommenden Monate auf und vergleichen Sie sie mit dem, was Ihnen die Runen vorausgesagt haben. Vermerken Sie auch die Daten dieser Erlebnisse. Wie genau haben die Runen vorhergesagt, was dann tatsächlich eintrat? Passte auch der Zeitrahmen?

reszeit von Tod und Wiedergeburt, wenn Ernterückstände untergepflügt werden, um zu verfaulen und den Boden für die Pflanzzeit des kommenden Frühjahrs neu zu düngen.

Samhain feiern

Als Hexenneujahr ist Samhain eine gute Zeit, um die Vergangenheit zu reflektieren und einen Blick in die Zukunft zu werfen. Ende und Anfang zugleich, eignet sich dieser Tag dazu, veraltete Vorstellungen, überholte Verhaltensweisen und unliebsame Gewohnheiten abzulegen, um Platz für Neues zu schaffen. Um dieses Loslassen zu erleichtern, können Sie folgenden einfachen Zauber ausprobieren: Schreiben Sie Dinge, die Sie aus Ihrem Leben verabschieden möchten (wie Ängste, einschränkende Einstellungen und ungesunde Bindungen) auf ein Blatt Papier, das Sie am Samhain-Abend in einem offenen Feuer verbrennen. Der Tag eignet sich zudem für Wünsche und Vorsätze fürs neue Jahr. Der Brauch, sich an Halloween zu verkleiden, ist eine Möglichkeit, auch optisch darzustellen, wer oder was Sie im neuen Jahr sein wollen, und dieses Bild nach außen zu vermitteln. (Keine Hexe würde sich freiwillig als Geist, Skelett, Kobold oder Clochard verkleiden!)

In Wicca- und neuheidnischen Traditionen ist Samhain auch eine geeignete Zeit, um derer zu gedenken, die in das Reich der Geister eingegangen sind, und sie zu ehren. Der Schleier zwischen den Welten ist jetzt dünner als sonst das Jahr über, was die Kommunikation mit hilfreichen, Rat gebenden Geistern, nicht-physischen Wesenheiten und verstorbenen Lieben einfacher macht. Dementsprechend passt diese Zeit auch sehr gut für Wahr- und Weissagungen. Träume an Samhain könnten ebenfalls eine besondere Bedeutung besitzen.

Eine besondere Rolle im spätherbstlichen Brauchtum spielt von alters her der Apfel. Er ist ein Symbol für unser irdisches Leben – wenn Sie einen in zwei Hälften schneiden, sehen Sie, dass die Kerne ein Sternmuster bilden, das den menschlichen Körper repräsentiert. Zu einem Samhain-Ritual gehört häufig der Verzehr von Äpfeln oder das Trinken von Apfelwein oder Cidre.

Vielleicht haben Sie Lust, Ihr Heim mit Äpfeln, Kürbissen, Eicheln und anderen Früchten der herbstlichen Ernte zu schmücken. Ritualfeuer aus dem Holz heiliger Bäume spielen bei Samhain-Feiern traditionell eine wichtige Rolle. Für die Druiden, die

Bäume verehrten und sie in vielen ihrer magischen Praktiken verwendeten, galten die folgenden Baumarten als heilig: Apfelbaum, Birke, Eibe, Eiche, Erle, Esche, Fichte, Ginster, Haselnuss, Ilex, Kiefer, Pappel, Schlehe, Tanne, Ulme, Vogelbeere, Wacholder, Weinstock, Weide, Weißdorn und Zeder. Tradition haben in dieser Zeit auch Theaterstücke, in denen es um den Tod des alten Jahres und die Geburt des neuen oder um den Übergang der Seele von einem Reich in ein anderes geht.

Yule – das Julfest zur Wintersonnenwende

Lange vor Aufkommen des Christentums begingen die erdgebundenen Kulturen Europas die Geburt des Sonnenkönigs an der Wintersonnenwende (ca. 21. Dezember, wenngleich dies von Jahr zu Jahr leicht variieren kann). Es ist die längste Nacht des Jahres (auf der nördlichen Halbkugel), nach der die Tageslichtstunden zu- und die dunklen Stunden abnehmen. In einer freudvollen Zeit, die Verheißung und Erneuerung ankündigt, feiert Yule den Triumph der Mächte des Lichts über die Dunkelheit, den Sieg des Lebens über den Tod. Dieser Tag war den Menschen damals so wichtig, dass die Christenheit diese Zeit als Datum der Geburt Jesu übernahm, über den es heißt, er habe das Licht in die Welt gebracht.

Yule feiern

Der Christbaum hat seinen Ursprung in den heidnischen Winterfeiern Nordeuropas. Da immergrüne Bäume selbst in den kältesten Monaten ihr Grün behalten und somit das ewige Leben repräsentieren, spielen sie bei den Yule-Feierlichkeiten eine zentrale Rolle. Zur Würdigung der Wiedergeburt des Lebens in einer Zeit, in der die Erde tot und kahl erscheint, schmücken

Wicca und Neuheiden ihre Wohnungen mit Tannenzweigen, Ilex und ähnlichen immergrünen Gewächsen.

In einem magischen Sinne können die reinigenden Eigenschaften von Nadelgehölzen dazu beitragen, negative Energien zu vertreiben. Der keltischen Mythologie zufolge bot Ilex Naturgeistern und Erdelementen Schutz über den Winter. Die Druiden schätzten die Mistel als Kraut der Fruchtbarkeit und Unsterblichkeit. Sie wird als Aphrodisiakum in Talismanen verwendet (vielleicht stammt daher der Brauch, sich unter einem Mistelzweig zu küssen) und soll Kreativität und Schöpferkraft aller Art fördern. Weil ihre magischen Eigenschaften Schutz und Geborgenheit geben, hängen wir Mistelzweige über die Eingangstür. Kränze aus immergrünen und Nadelhölzern versinnbildlichen Ewigkeit, Ganzheit und Einheit.

Um den Abend der Wintersonnenwende zu feiern, sollten Sie einen Yule-Holzscheit (traditionell aus Eichenholz) entzünden und über Nacht abbrennen lassen. Bewahren Sie ein Stückchen unverbranntes Holz auf, das Sie im Folgejahr dem Yule-Feuer beifügen. Vielleicht möchten Sie auch Holz anderer heiliger Baumarten für das Feuer verwenden. Ist das Feuer niedergebrannt, kehren Sie die kalte Asche zusammen und geben Sie sie mit einem Tannen- oder Kiefernzapfen in einen Beutel aus Seide oder Leinen. Legen Sie das Päckchen abends unter Ihr Kopfkissen, um Rat und Unterstützung aus dem Geisterreich zu erbitten.

Nadeln bzw. Blätter und Rinde dieser Gehölze lassen sich auch in einem Kessel über dem Yule-Feuer aufbrühen. Seihen Sie den duftenden Sud ab und gießen Sie die Flüssigkeit vor Ihrer Haustür aus, um Ihr Heim zu behüten. Die Pflanzenmischung lassen Sie trocknen und geben sie dann in kleine Säckchen, um das ganze Jahr über Heil und Segen anzuziehen.

Festessen, Musik, der Austausch von Geschenken, Tanz und Gesang gehören zu vielen Yule-Feierlichkeiten ebenso wie zu Weihnachten. Manche Leute führen ein Stück zur Geburt des Sonnenkönigs auf. Natürlich können Sie auch ein eigenes Ritual erfinden, um an den Anlass zu erinnern, oder bekannte Bräuche so abwandeln, dass sie eine ganz besondere Bedeutung für Sie bekommen.

Imbolc, Brigidstag oder Lichtmess

Imbolc, das von Sonnenuntergang am 31. Januar bis zum 2. Februar gefeiert wird, wenn die Sonne im Wassermann steht, ehrt die keltische Göttin Brigid. Mit der weiten Verbreitung des Christentums in Irland und auf den Britischen Inseln wurde Brigid zu einer Heiligen erklärt, da das Volk sich weigerte, seine geliebte Göttin abzuschaffen. Auch »Die Helle« oder »Die Strahlende« genannt, ist sie die Göttin der Dichtkunst, der Heilung und Schmiedekunst. Sie schenkt den Menschen Kreativität – verkörpert durch das Feuer der Inspiration, das sie hütet. Imbolc bedeutet so viel wie »im Bauch«, und der Kessel, der den Schoß darstellt, in dem die Kreativität genährt wird, zählt zu ihren wichtigsten Utensilien. Wie Shirley Toulson in *The Celtic Year* erklärt, ist Brigid die »Komplettversorgerin«, die Nährende, die es dem Geist erst ermöglicht, in körperlicher Gestalt zu überdauern.

Weil Brigid den Herd ebenso hütet wie das Schmiedefeuer – die traditionellen Aufgabenbereiche von Frauen und Männern –, verkörpert sie den Bund zwischen weiblichen und männlichen Energien. Die Kelten betrachten sie zudem als Göttin der heiligen Quellen, das heißt, dass sie auch mit dem Wasser in Verbindung steht. Aus der Kraft von Feuer und Wasser schöpfend, verkörpert Brigid Kreativität und Inspiration und dient damit als Schutzpatronin für Dichter, Musiker und überhaupt Künstler jedweder Couleur.

An diesem Punkt des Jahresrads beginnt der Sonnenkönig zu wachsen. Das Tageslicht nimmt zu (auf der nördlichen Erdhalbkugel), der Winter ist im Rückzug begriffen, und der Frühling verspricht Erneuerung. Insofern ist Imbolc geradezu eine Bestätigung des Lebens und die passende Zeit, »Samen« zu legen – in Form von Ideen und Affirmationen, von denen Sie sich erhoffen, dass sie mit dem Jahreslauf wachsen und gedeihen.

Imbolc feiern

Feuer ist der zentrale Bestandteil von Imbolc-Festen, und vielleicht möchten Sie als Teil Ihres Rituals ein heiliges Feuer entzünden. Wenn Sie gemeinsam mit anderen feiern, geben Sie jedem Anwesenden eine Kerze. Bilden Sie einen Kreis um ein rituelles Feuer oder eine große Kerze, die auf einem Altar in der Mitte des Kreises steht. Stellen Sie außerdem einen Kessel voll Sand oder Erde in den Kreis.

Einer nach dem anderen entzündet dann seine Kerze am Feuer in der Mitte. Wenn alle Kerzen brennen, beginnt eine Person, einen »Samen«-Wunsch (in Form einer Affirmation) zu äußern. Die anderen schließen sich der Reihe nach an, bis alle gesagt haben, was sie sich von dem kommenden Jahr wünschen. Der Rauch der Kerzen trägt die Bitten himmelwärts zu Brigid. Danken Sie der Göttin mit Liedern oder Gebeten. Bevor Sie den Kreis auflösen, stecken Sie die Kerzen aufrecht in den Kessel und lassen sie dort ganz herunterbrennen.

Weil Brigid die Göttin der Kreativität und der Inspiration ist, ehren Sie sie, indem Sie Ihre Imaginationskraft anfachen. Ich verbringe den Brigidstag gern mit künstlerischen Tätigkeiten, meist Schreiben und Malen. Wenn Sie lieber backen, Kränze aus Zweigen und Zapfen flechten, Musik machen oder einer anderen kreativen Beschäftigung nachgehen, dann folgen Sie diesem Impuls. Und sollten Sie Talent zum Schmieden haben oder über Heilkräfte verfügen, dann ist jetzt die ideale Gelegenheit dazu.

Ostara, die Frühjahrs-Tagundnachtgleiche

Der Eintritt der Sonne in das Sternzeichen Widder um den 20. März herum markiert die Frühjahrs-Tagundnachtgleiche. Dann sind die Tageslichtstunden und die Nachtstunden gleich lang. Die ersten Blumen erblühen, die Bäume beginnen auszutreiben, und in einigen Teilen der nördlichen Hemisphäre ist es bereits warm genug, um die Saat auszubringen. Auf dem Weg des Sonnenkönigs ist dies eine Zeit des Wachstums und der Kraft, der Punkt, an dem das Licht die Dunkelheit überholt.

Ostara feiern

Die Tagundnachtgleichen sind Zeiten der Ausgewogenheit – das Tageslicht, das mit Aktivität, der äußeren Welt und männlicher Energie verbunden ist, steht gleichauf mit der Nacht, die Ruhe, die Innenwelt und weibliche Energie verkörpert. Widmen Sie an diesem Tag beiden Aspekten jeweils dieselbe Zeit. Ich beispielsweise versuche, Zeiten körperlicher Aktivität mit Meditation, Geselligkeit mit Alleinsein und Arbeit mit Ruhe abzuwechseln. Auch Tätigkeiten, die Yin- und Yang-Energien verbinden, bieten sich für diesen Festtag an.

Da Ostara der erste Tag des Frühlings ist, eignet sich diese Zeit zum Aussäen (im wörtlichen wie im übertragenen Sinne) und zum Pflanzen bzw. zum Pflücken von Blumen, mit denen Sie

Ihr Heim schmücken. Zauber, die Blumen, Kräuter und andere Pflanzen beinhalten, können, wenn sie zur Frühjahrs-Tagundnachtgleiche ausgeführt werden, besonders starke Wirkung entfalten. Die Druiden feierten an diesem Tag das Fest der Bäume. Zu Ehren meiner druidischen Vorfahren hänge ich an Ostara Gaben für die Naturgeister, die Vögel und andere Baumbewohner an Äste und Zweige. Wenn irgend möglich, sollten Sie Frühjahrs-Tagundnachtgleichen im Freien feiern. Wie alle Feiertage, die bei zunehmender Sonne stattfinden, ist Ostara ein Fest der Fruchtbarkeit. Das Bemalen von Eiern, die neues Leben und Verheißung symbolisieren, ist eine wunderbare Möglichkeit, sich diesen Aspekt der Frühjahrs-Tagundnachtgleiche ins Gedächtnis zu rufen. Und der Brauch, zu Ostern (ein Wort, das sich von Ostara oder Eostre herleitet) Eier zu färben, rührt ebenfalls daher.

In einem alten Volksmärchen schenkt ein Hase der germanischen Fruchtbarkeitsgöttin Ostara einige magische Eier. Die bunten Eier erfreuten die Göttin so sehr, dass sie den Hasen aufforderte, sie an alle zu verteilen. Auch der Hase ist bekanntlich ein Fruchtbarkeitssymbol.

Haben Sie Lust bekommen, dem bekannten Brauch des Eierfärbens eine neue, magische Dimension hinzuzufügen? Dann dekorieren Sie die Eier in Farben, die zu Ihrem Vorhaben passen. (In Kapitel 10 und 12 finden Sie mehr Informationen zu den Farbentsprechungen.) Zeichnen Sie Symbole auf die Eier, die Ihre Wünsche beschreiben. Platzieren Sie die Eier an einer Stelle, wo Sie sie häufig sehen, um sich an Ihre Ziele zu erinnern.

Mit der Ankunft des Frühlings verabschieden wir uns vom Winter, der Jahreszeit des Mangels und der Mühsal. Die Frühjahrs-Tagundnachtgleiche ist die rechte Zeit, um alte Ängste und selbstbeschränkende Einstellungen oder Verhaltensweisen abzulegen und sich hoffnungsvoll einer glänzenderen Zukunft zuzuwenden. Sie können das symbolisch tun, indem Sie sich eine Schnur mehrfach um die Handgelenke wickeln – stellvertretend für die psychischen Einschränkungen, die Sie bislang zurückgehalten haben. Rezitieren Sie einen Vers, der beschreibt, welche Veränderungen Sie in Ihrem Leben erreichen wollen, zum Beispiel: »Ich lasse die Hilfsbedürftigkeit hinter mir und begrüße den Erfolg.« Während Sie sich dies vorstellen, bewegen Sie Ihre Hände so, dass sich die Schnur lockert und schließlich ganz löst.

Beltane

Wir feiern Beltane am 1. Mai, wenn die Sonne im Stier steht. Diese freudvolle Zeit des Jahres ehrt Natur, Kreativität und Fruchtbarkeit, die die Astrologen mit dem Erdzeichen Stier verbinden. Das Wort leitet sich von dem alten Namen für den Gott Baal oder Bel ab und ehrt den Gott in der Kraft seiner Jugend. Beltane ist die Zeit des Jahres (auf der nördlichen Halbkugel), in der die Blumen erblühen und die ersten Feldfrüchte keimen. Der Sonnenkönig hat jetzt seine Reife erreicht und ist bereit, eine Partnerin zu nehmen: die Erde.

Beltane feiern

Weil Beltane mit Fruchtbarkeit in Verbindung steht, feiert dieses Fest auch die Leidenschaft – sexuelle Riten sind häufig Teil der Feierlichkeiten. Im vorchristlichen Europa galten sie als Form von Magie, um die Fruchtbarkeit der Erde zu steigern. Der Maibaum ist ganz offensichtlich ein Phallussymbol, und der Tanz darum würdigt die kreative Vereinigung männlicher und weiblicher Energien – geistiger ebenso wie körperlicher. In einigen frühen Kulturen sprangen Frauen, die schwanger werden wollten, zu Beltane über kleine Feuer, und das Vieh wurde zwischen zwei Feuern hindurchgeführt, um seine Fruchtbarkeit zu erhöhen.

Vielleicht haben Sie Lust, diesen fröhlichen Festtag mit Tanz, Gesang, Trommeln oder einer anderen ausgelassenen Tätigkeit zu begehen. Aktivitäten, die Kreativität – insbesondere in Verbindung mit Liebe – zum Ausdruck bringen, bieten sich für diesen Tag ebenfalls an. Jetzt ist auch ein guter Moment für Liebes- und Fruchtbarkeitszauber, in die Pflanzen einbezogen werden. Die Zeit eignet sich überdies dazu, mit den Naturgeistern zu kommunizieren und die Erde zu ehren. Im Rahmen von Beltane-Ritualen können Sie Opfergaben an unseren Planeten und die Naturgottheiten darbringen, die ersten Frühjahrsfrüchte genießen und Samen ausbringen, die neues Leben entstehen lassen. Wenn irgend möglich, begehen Sie dieses Fest im Freien.

Mittsommer, Sommersonnenwende

Der Eintritt der Sonne in das Sternzeichen Krebs um den 21. Juni herum markiert die Sommersonnenwende, den längsten Tag des Jahres auf der Nordhalbkugel. Jetzt hat der Sonnenkönig den Höhepunkt seiner Kraft erreicht und regiert vom Gipfel des Himmels aus.

Mittsommer feiern

In dieser Zeit des Überflusses gilt es Festgelage und den Reichtum und Überfluss des Lebens zu feiern. Im Idealfall sollten Sie diesen Tag im Freien verbringen. Mittsommer ist ein guter Tag zum Sammeln von Kräutern und anderen Schätzen aus der Natur, die jetzt in voller Kraft stehen. Verwenden Sie diese dann das ganze Jahr über in Zaubern und für Talismane – sie verfügen über eine besondere Wirksamkeit. Schmücken Sie auch Ihr Heim mit Blumen. Und danken Sie für die Freigebigkeit der Natur und für die Wohltaten, die Sie empfangen haben. Früher im Jahr gesäte Samen beginnen jetzt Früchte zu tragen. Gedenken Sie der Naturgeister und Erdelemente und bringen Sie ihnen Opfergaben dar.

Die Position der Sonne hoch am Himmel vertreibt Schatten und Dunkelheit und fördert Klarheit und Weitblick. Aus diesem Grund wählen viele Magiker bevorzugt Mittsommer für Wahr- und Weissagungen. Gleichzeitig sollte man die Kraft der vollen Sonne für Geselligkeit und Aktivitäten im Freien nutzen. Feiern Sie mit Musik und Tanz. Spielen Sie, lachen Sie und amüsieren Sie sich. Lassen Sie den Ernst des Lebens und die Innenschau für eine Weile hinter sich und verbringen Sie diesen Festtag mit lieben Freunden und Verwandten oder Gleichgesinnten.

Lughnasadh oder Lammas

Nach dem keltischen Gott Lugh benannt, wird Lughnasadh am 1. August gefeiert, wenn die Sonne im Sternzeichen Löwe steht. Dies ist das erste der »abnehmenden« Feste, wenn das Licht der Sonne zurückgeht und wir in Vorbereitung auf den Winter anfangen, die Ernte einzufahren. Die Kraft des Sonnenkönigs lässt nach, er altert, während seine Gefährtin – die Erde – eine Zeit der Fülle erreicht.

Lughnasadh feiern

Da Lughnasadh mit der Jahreszeit zusammenfällt, in der in vielen Teilen der Nordhalbkugel das Korn reif wird, spielt das Brotbacken häufig eine wichtige Rolle bei diesen Feierlichkeiten. Frühe Christen nannten den Festtag Lammas, was so viel heißt wie »Brot-Messe«. Bier und Ale, aus Getreide gebraute Getränke, sind ebenfalls wichtiger Bestandteil von Lughnasadh-Festen, und viele Menschen haben Freude daran, an diesem Tag ihr eigenes Gebräu anzusetzen. Vielleicht finden Sie auch Gefallen daran, Ihr Heim mit Ährenbündeln, Beeren und spätsommerlichen Blumen zu schmücken.

Einige Menschen fertigen zu Lughnasadh ein Bild des Sonnenkönigs aus Stroh, Heu oder Getreidehalmen. Binden Sie aus Garben eine Puppe oder backen Sie ein Brot in Form eines Menschen. Entzünden Sie – wenn möglich draußen – ein rituelles Feuer und danken Sie der Erde und der Sonne, deren vereinte Energie das Korn haben wachsen und reifen lassen. Werfen Sie dann die Strohpuppe in das Feuer, um den Tod des Sonnenkönigs darzustellen, dessen Kraft schwindet.

Einer alten Lughnasadh-Tradition zufolge backen manche Leute ein Festtagsbrot und legen eine getrocknete Bohne in den Teig. Wer in seinem Stück Brot die Bohne findet, der hat einen Wunsch frei.

Wie viele Wicca- und neuheidnische Feste ehrt Lughnasadh die Natur, vergessen Sie also nicht, ihr an diesem Tag für ihre Gaben zu danken. Verbringen Sie wenn möglich viel Zeit im Freien. Machen Sie einen Spaziergang. Nehmen Sie Kontakt zu den Naturgeistern auf. Füttern Sie Vögel und andere Wildtiere. Hinterlassen Sie Brotspenden für die Erdgeister.

Mabon, die Herbst-Tagundnachtgleiche

Mabon liegt in der Zeit der Herbst-Tagundnachtgleiche, um den 22. September herum, wenn die Sonne in das Sternzeichen Waage eintritt. Dies fällt in vielen Teilen der nördlichen Hemisphäre mit der Erntezeit zusammen und bietet sich daher an, um Dank zu sagen für den Reichtum in unserem Leben. Die Jahreszeit der Fülle und Aktivität ist vorüber, es steht eine Periode der Ruhe und Innenschau bevor. Da Tag und Nacht heute gleich lang sind, ist es auch eine Zeit der Ausgewogenheit.

Mabon feiern

Konzentrieren Sie sich heute auf die Höhen und Tiefen Ihres Lebens. Bemühen Sie sich um Ausgewogenheit zwischen Ihrer inneren und äußeren Welt, zwischen sich und anderen, zwischen Aktivität und Kontemplation, zwischen Arbeit und Entspannung. Vielleicht möchten Sie für all das danken, was Sie in den letzten sechs Monaten empfangen haben – körperlich, geistig, spirituell, emotional und materiell.

Während Sie sich so auf die Vergangenheit besinnen und überdenken, was Sie sich von der Zukunft wünschen, flechten Sie einen Zopf aus Naturmaterialien (Hanf, Leinenstoff, Stroh, Seidenkordeln o. Ä.), um das zu versinnbildlichen, was Sie in Ihr Leben einflechten wollen. Die drei Stränge stehen für Körper, Geist und Seele. Konzentrieren Sie sich beim Flechten Ihres magischen Bandes auf Ihre Wünsche. Es stellt eine Verbindung zwischen Ihnen und dem Göttlichen her, eine »Leitung«, über die Unterstützung aus der spirituellen Welt zu Ihnen gelangt. Hängen Sie das fertige Band an einen Ort, wo Sie es häufig sehen. Die vor Ihnen liegende dunkle Jahreszeit über kann das harmonische Zusammenwirken mit dem göttlichen Willen Ihnen dabei helfen, Ihre Ziele zu erreichen.

Vielleicht mögen Sie Ihr Heim zu Mabon mit Tannenzapfen, Nüssen, Herbstlaub, getrockneten Maiskolben oder Blumen schmücken. Manche Leute machen ein rituelles Feuer und verbrennen diese Dinge darin, um den sterbenden Sonnenkönig zu ehren. Dies ist auch eine gute Zeit, um Wein aus der diesjährigen Lese zu keltern und ein üppiges Festmahl aus Herbstgemüse zuzubereiten und es mit Freunden zu genießen.

»Unser eigenes Leben und alles Leben ist, wie die Jahreszeiten, in ständiger Bewegung und Veränderung. Dies sind die Höhen und Tiefen, die wir betrachten, meditieren und in unseren Riten nachahmen. Indem wir dies tun, rücken wir näher an die natürlichen Gezeiten des Lebens im Ganzen heran und sind imstande, leichter und besser voranzukommen.«

Morwyn, *Secrets of a Witch's Coven*

KAPITEL 10

ASTRO-MAGISCHE SYMBOLE

Eine Idee, im idealen Sinne des Wortes,
kann nur durch ein Symbol ausgedrückt werden.

SAMUEL TAYLOR COLERIDGE

Symbole sprechen uns auf einer unbewussten Ebene an, sie rufen Wahrheiten, Archetypen, Gefühle und spirituelle Eigenschaften hervor, die tief in unserer Psyche verborgen und dem bewussten Verstand vielleicht gar nicht zugänglich sind. Als Folge davon kann die Wirkung, die Symbole auf uns ausüben, immens sein und tiefe, vielschichtige Gefühle auslösen, die wir weder zu verstehen noch zu erklären in der Lage sind. Nehmen wir zum Beispiel die Art und Weise, wie patriotisch gesinnte Menschen auf ihre Landesflagge reagieren, wie religiöse Gemeinschaften Glaubensüberzeugungen über die Bildsprache ihrer Konfession verbreiten oder was das Hakenkreuz bei den Nationalsozialisten auslöste. Autoritätspersonen und Menschen, die auf materiellen Gewinn aus sind, wissen um die Macht, die Symbole in unserem Alltag spielen, und benutzen diese häufig, um unser Unbewusstes zu ihren Gunsten zu manipulieren.

Wir nehmen Symbole sowohl kollektiv als auch individuell wahr. Viele Symbole sind universell, tauchen in Kunstwerken und Artefakten zahlreicher Kulturen aus unterschiedlichen Epochen und Orten auf. Die Spirale, die für Lebensenergie steht, ist ein solches Symbol. Zusätzlich gibt es für jeden eine Reihe individueller Symbole, die nur für uns eine ganz bestimmte Bedeutung besitzen. Für mich zum Beispiel verkörpern Katzen Kreativität, während sie für jemand anderen vielleicht Unabhängigkeit, Anmut, Verspieltheit oder Mystik repräsentieren.

Symbole sind nicht lediglich stilisierte Darstellungen wie die Piktogramme für Tankstellen oder Raststätten, die wir auf Hinweisschildern entlang der Autobahn sehen. Sie bringen die wesentlichen Eigenschaften von etwas zum Ausdruck, weil sie dessen Kern verkörpern. Ursprünglich hatten Symbole immer zwei Bedeutungen: eine, die der breiten Masse verständlich war, und eine tiefere, die nur Eingeweihten einsichtig war. Der Davidstern ist ein gutes Beispiel dafür: Die meisten Menschen verbinden den sechszackigen Stern mit dem jüdischen Glauben. Auf einer anderen Ebene jedoch zeigt er die Vereinigung von Geist und Materie durch die Verschränkung zweier gleichschenkliger Dreiecke: eines nach unten weisenden (Symbol des Weiblichen) und eines nach oben weisenden (Symbol des Männlichen).

Nun können wir Symbole nicht nur zeichnen, wir können sie auch körperlich ausdrücken. Sufi-Derwische etwa tun dies mit ihren Tänzen. Magiker illustrieren Symbole mit ihrem Körper, ihren Bewegungen und mit Utensilien, während sie Rituale zelebrieren. Wenn ein Yogi Mudras macht oder ein Katholik sich bekreuzigt, dann gestikuliert diese Person mit Symbolen. Das keltische Alphabet Ogham verwendet von Bäumen abgeleitete

Symbole als Buchstaben, die in Zeichensprache benutzt oder niedergeschrieben werden können.

Symbole können Brücken schlagen, können die Verbindung zu etwas nicht Greifbarem herstellen, das wir dann in unser Leben integrieren. Aus diesem Grund spielen sie bei der Ausübung der Magie eine bedeutende Rolle. Wenn wir Symbole verwenden, ziehen wir die Energie dessen an, für das sie stehen, um sie für unsere Ziele zu nutzen. Wir können auch unsere eigenen Symbole entwerfen und unsere ureigenen Intentionen über sie ausdrücken, wie Künstler es tun, wenn sie schöpferisch tätig sind.

Zahlen als Symbole

Zahlen sind die wohl geläufigsten und meistverwendeten Symbole – und so sehr Bestandteil unseres Alltags, dass wir sie meist gar nicht mehr als Symbole wahrnehmen. Auch wenn wir Zahlen heute vorwiegend als Maßeinheit verwenden, so verfügen sie doch auch über mystische Eigenschaften, die wir in der magischen und spirituellen Arbeit nutzen können. Rudolf Steiner spricht in *Okkulte Zeichen und Symbole* davon, dass das »Studium der Zahlen« im pythagoreischen Sinne durch den Symbolismus Leben und Welt verstehen lehre.

In der Numerologie hat jede Zahl eine ganz eigene Schwingung. Zahlen korrespondieren mit den Tierkreiszeichen und den Häusern des Horoskops, dem Sephiroth im kabbalistischen Lebensbaum, den Tarotkarten, den Hexagrammen des I Ging und vielen weiteren mystischen Systemen.

Die Grundbedeutung der Zahlen einiger abendländischer Traditionen sieht so aus:

0: Ganzheit, Einheit

1: Anfang, schiere Energie, Individualisierung

2: Beziehung, Polarität, einander ergänzende Energien, Ausgewogenheit

3: Selbstentfaltung, Expansion, Kreativität

4: Stabilität, Struktur, Form

5: Veränderung, Freiheit, Unbeständigkeit

6: Geben und Nehmen, Gemeinschaft, Ausgewogenheit, Schönheit

7: Ruhe, Rückzug, Innenschau

8: Manifestation, materielle Macht, Stärke

9: Vollendung, Verbindung zwischen materiellem und spirituellem Reich

11: Inspiration, Humanität, universelle Wahrheiten

22: spirituelle Kraft, Meisterhaftigkeit, Weisheit

Die Verwendung von Zahlen in der Magie

Zahlen sind in der magischen Arbeit von großer Bedeutung, da sie energetische Eigenschaften darstellen. Sie können ihre Energie nutzen, um Zauber, Rituale und andere Praktiken zu verstärken. Bei einem Liebeszauber etwa könnten Sie die Zahl Zwei – die Zahl der Partnerschaft – einbeziehen. Dazu bieten sich verschiedene Vorgehensweisen an:

- Entzünden Sie zwei Kerzen, die für Sie und Ihren Partner stehen.
- Legen Sie auf Ihren Altar oder Nachttisch zwei Edelsteine, die Sie und Ihren Partner repräsentieren. Die Steine sollten mit Liebe assoziierte Eigenschaften verkörpern (Diamant, Granat, Jade, Karneol, Opal, Perle, Rosenquarz, Smaragd).
- Entwerfen Sie ein Bild, das Paare darstellt und die Zahl Zwei zeigt.
- Verwenden Sie bei einem Zauber die Zwei Kelche aus dem Tarot.

Sie können die Zahlensymbolik in jeden Zauber einfließen lassen. Die Acht beispielsweise repräsentiert Ordnung in der irdischen Welt – wir sehen dies an den acht Feiertagen, die das Jahresrad bilden (siehe Kapitel 9). Die Zahl Drei steht für die drei Dimensionen der natürlichen Welt. Diese kreative Zahl wird häufig in Zaubern verwendet, um Ideen im materiellen Reich zu verwirklichen. Magiker können eine Affirmation drei Mal wiederholen, um ihrem Ziel mehr Kraft zu verleihen, es abzusichern und die Verbindlichkeit zu erhöhen. Wicca glauben, dass alles, was eine Person im Rahmen eines Zaubers tut – sei es in Gedanken, in Worten oder Taten –, dreifach auf sie zurückfällt.

Aus Sicht der Numerologie besitzen die Zahlen Ihres Geburtsdatums symbolischen Wert. Addieren Sie die Zahlen des Datums, um Ihre »Lebenszahl« zu finden. In ihrem Buch *Numerology and Your Future* erklärt Dusty Bunker, dass diese zeigt, warum Sie auf der Welt sind, welchen Sinn Ihr Leben hat und was Sie sich in dieser Inkarnation zu lernen vorgenommen haben.

Sind Sie beispielsweise am 3. Februar 1990 geboren, zählen Sie die folgenden Zahlen zusammen:

3 (für den Tag)

+ 2 (für den Monat)

+ 1 + 9 + 9 + 0 (für das Jahr)

= 24

Addieren Sie diese Zahlen zu einer einstelligen Zahl:

2 + 4 = 6

Ihre Lebenszahl ist 6, was Numerologen mit Geben und Nehmen, Gemeinschaft, Ausgewogenheit und Schönheit verbinden. In diesem Leben werden Sie also vermutlich bei allem, was Sie tun, Ausgewogenheit und Harmonie anstreben. Schenken Sie Ihrem Heim, Ihrer Familie und dem Miteinander viel Aufmerksamkeit, leben Sie Ihre Liebe zu Kunst und Schönheit und nähren Sie andere, indem Sie Ihre Liebe mit ihnen teilen.

Symbole der vier Elemente

In der Alchemie werden Dreiecke als Symbole für die vier Elemente verwendet. Aufwärts weisende Dreiecke, die himmelwärts zeigen, stehen für die männlichen Elemente Feuer und Luft. Dreiecke, die nach unten, in Richtung Erde und Materie zeigen, repräsentieren die weiblichen Elemente Wasser und Erde. Die Symbole für Luft und Erde enthalten eine waagrechte Linie durch das Zentrum des Dreiecks. Wenn sich »männliches« und »weibliches« Dreieck überschneiden, sehen wir eine geometrische Darstellung der Vereinigung dieser beiden Energien, die Verschmelzung von Geist und Materie zur Erschaffung von Leben. Wie Sie sehen, schließt die Darstellung, die wir Salomonssiegel nennen, die Symbole für alle vier Element ein.

Feuer Wasser Luft Erde

Salomonssiegel

Der altgriechische Philosoph Platon verband die vier Elemente mit festen geometrischen Formen, die als Platonische Körper bekannt sind. Platon zufolge symbolisiert der Würfel das Element Erde, der Tetraeder steht für Feuer, der Oktaeder für Wasser, und der Ikosaeder (der zwanzig gleichseitige Dreiecke als Flächen besitzt) ist mit dem Element Wasser verknüpft. Der Dodekaeder, eine Doppelpyramide, verkörpert das Universum; seine zwölfseitige Oberfläche besteht aus regelmäßigen Fünfecken, die die zwölf Zeichen des Tierkreises darstellen.

Planeten-Symbole

Sakralbauten, heilige Stätten, religiöse Kunstwerke und Kraftgegenstände beinhalten häufig Symbole der Himmelskörper als eine Art Bittgesuch an die Götter und Göttinnen. In seinem Buch *Sacred Architecture* schreibt A. T. Mann: »Jeder Gottheit war ein bestimmter Himmelskörper zugeordnet … Um diesen Gott anzurufen, musste man Manifestationen des Umlaufs oder der mit dem Planeten oder Stern verbundenen Zahlen erschaffen.«

Sämtliche Planetensymbole enthalten Kreise oder Kreisteile (Bögen), zumeist in Verbindung mit Kreuzen. Kreise bilden den

Himmel ab – Sonne, Vollmond, Planeten und unser Sonnensystem. In sich geschlossen und endlos, steht der Kreis für Leben und Verheißung, Ganzheit, Einheit, Dauer und Ewigkeit. Das Kreuz versinnbildlicht die Vereinigung von Geist und Materie. Die senkrechte Linie deutet auf eine Aufwärtsbewegung in Richtung Himmel, Geist und männliche Energie hin. Die waagrechte Linie repräsentiert die Erde, das Stoffliche und die weibliche Energie. Ihre Verbindung symbolisiert die Vereinigung, aus der Leben entsteht, die Durchmischung kosmischer und irdischer Kräfte, das Göttliche, das durch das Stoffliche wirkt.

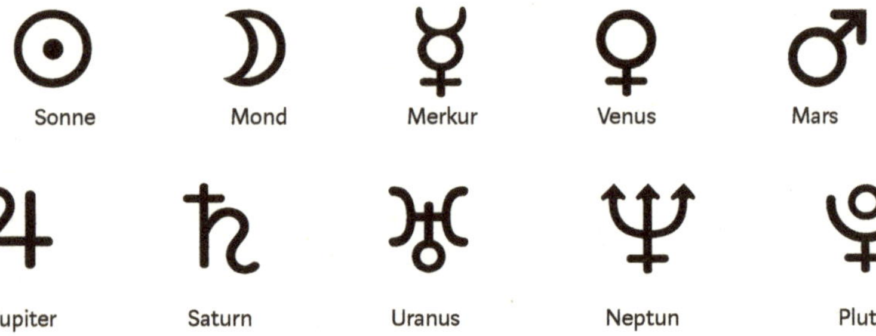

Die astrologischen Glyphen selbst geben Hinweise darauf, wie wir die Energien der Planeten in unserem Leben nutzen können. So ist beispielsweise das Symbol für die Sonne ein Kreis, der das Göttliche darstellt, mit einem Punkt darin, der das Individuum repräsentiert. Dieses Bild zeigt die Natur der Sonne, mit deren strahlender, lebenspendender Kraft wir uns verbinden und deren kreative Macht wir im Individuum bündeln. Die Glyphe für den Mond ist eine Sichel oder ein Halbkreis. Dies legt nahe, dass der Mond noch etwas braucht, um ganz zu werden – astrologisch gesehen, ist dies das Licht der Sonne. De facto beschreibt der Mond in Ihrem Geburtshoroskop zwischenmenschliche Beziehungen und spielt eine Schlüsselrolle in Ihrem Verhältnis zu anderen Menschen.

Das Horoskop selbst ist ein Kreis (Symbol für Ganzheit und das Göttliche), der durch das Kreuz der Winkel (die ihrerseits das Stoffliche und die irdische Welt symbolisieren) unterteilt ist. Innerhalb dieses Rahmens spiegeln die Aspekte oder Beziehungen zwischen den Planeten die Wesenszüge der numerologischen und geometrischen Formen wider, aus denen sie zusammengesetzt sind. Zum Beispiel weisen Oppositionen (zwei Planeten, die einander im Horoskop in einem Winkel von ungefähr 180 Grad gegenüberstehen) auf Gegensätzlichkeit hin und sind mit der Zahl Zwei verknüpft. Trigonalaspekte (zwei oder mehr Planeten und/oder Energiepunkte sind so angeordnet, dass sie in etwa in einem 120-Grad-Winkel zueinander stehen) bilden im 360-Grad-Kreis des Horoskops ein Dreieck und versinnbildlichen schöpferisches Potenzial und die Zahl Drei.

In Zauber und Rituale können Sie die Kraft dieser Symbole auf vielerlei Art einbinden:

- Kerben Sie sie in Kerzen und zünden diese an, um die Magie der Symbole zu aktivieren.
- Zeichnen Sie die Symbole auf ein Blatt Papier und stecken dieses dann in einen Amulett- oder Talisman-Beutel.
- Malen Sie die Symbole auf Steine, deren Energien mit denen der Symbole harmonieren (siehe Kapitel 12); das Symbol für die Venus beispielsweise weist Affinität zu Rosenquarz auf.
- Machen Sie während eines Rituals mit den Händen entsprechende Gesten.

- Zeichnen Sie die Symbole für die vier Elemente beim Ziehen eines Kreises an den vier Kompasspunkten auf den Boden: Luft im Osten, Feuer im Süden, Wasser im Westen und Erde im Norden.

Farb-Symbolik

Zur Psychologie der Farben und unserer mentalen, emotionalen und körperlichen Reaktion auf die unterschiedlichen Nuancen wurde sehr viel geforscht. Untersuchungen haben gezeigt, dass warme Farben (Rot, Orange) anregend wirken und Herzfrequenz, Körpertemperatur und Atmung erhöhen beziehungsweise beschleunigen können, während kühle Farben (Blau, Grün) beruhigende Wirkung haben und unsere Körperfunktionen verlangsamen.

Chromotherapie, die Kunst, mit Farben zu heilen, basiert auf einer Stimulation des Gehirns (in der Regel mit rotem Licht), um einen Mangel oder ein Übermaß auszugleichen und das Wohlbefinden zu fördern. Rudolf Steiner, der Gründer der Waldorfschulen, entwarf Krankenhäuser mit Zimmern in unterschiedlichen Farben, wo die Patienten je nach medizinischem Verlauf von einem Zimmer in ein anderes verlegt wurden. In ähnlicher Weise lassen Magiker, die Heilungsarbeit leisten, häufig Farben imaginieren, um Kranken Linderung zu verschaffen.

Der Schweizer Psychiater Max Lüscher entdeckte, dass unsere Vorliebe für bestimmte Farben viel über unsere psychische Grundstruktur und mögliche Persönlichkeitsstörungen verrät. Der von ihm 1947 entwickelte Lüscher-Farbtest zeigte, dass Testpersonen, deren Lieblingsfarbe ein dunkles Blau war, emotionale Ruhe und eine stille, ordentliche Umgebung brauchten. Diejenigen, die Gelb den Vorzug gaben, waren hingegen eher ruhelose, ehrgeizige Typen auf der Suche nach Freiheit und Veränderung und hofften auf bessere Zeiten.

Auch in der Bildsprache der Tarotkarten spielen Farben eine wichtige Rolle. Viele Tarot-Kartenleger verbinden Stäbe mit Rot, Kelche mit Blau, Münzen mit Grün und Schwerter mit Gelb. In der sakralen, der magischen und der weltlichen Kunst vermitteln Farben dem Betrachter subtile Botschaften. Auch den sieben Chakren, den vier Himmelsrichtungen, den vier Elementen und den Sternzeichen werden jeweils Farben zugeordnet.

Indem Sie Kleidung in bestimmten Farben tragen, können Sie Ihre eigenen Energien verändern oder anderen Menschen ein bestimmtes Bild von sich vermitteln. Schwarz, das Ganzheit symbolisiert, weil es sämtliche Farben beinhaltet, wird etwa von den Wicca bevorzugt. Beim Praktizieren von Zaubern oder Ritualen sollten Sie Farben wählen, die zu dem gewünschten Ergebnis passen. Das trägt dazu bei, die mentale und emotionale Energie zu fokussieren, und kann so die Wirkkraft Ihrer Arbeit steigern.

Astrologische Farbentsprechungen

Wie wir in Kapitel 4 erfahren haben, betrachtete Leonardo da Vinci Farben als Verkörperung der vier Elemente. Astrologen verbinden Farben mit den Tierkreiszeichen sowie den Planeten. Rot etwa ist ein heißer, lebhafter, anregender Ton, dessen Schwingung der feurigen Natur des Widders ähnelt. Dunkelblau, die Farbe des Meeres, steht in Verbindung mit dem Wasserzeichen Fische.

Magiker nutzen Farbe gern, um sich mit den Eigenschaften bestimmter Farben zu verbinden und ihrem Zauber zusätzliche Energie zu verleihen. Berücksichtigen Sie bei allem, was Sie für

Ihre magische Arbeit nutzen, die folgenden Farbentsprechungen:

Sonne:	Gelb, Gold
Mond:	Silber, Weiß
Merkur:	Hellblau
Venus:	Rosa, Grün
Mars:	Rot
Jupiter:	Orange
Saturn:	Schwarz, Grau
Uranus:	Kobaltblau
Neptun:	Indigoblau, Violett
Pluto:	Schwarz, Rotbraun
Widder:	Rot, Orange
Stier:	Grün
Zwillinge:	Hellblau
Krebs:	Weiß, Silber
Löwe:	Hellgelb, Gold
Jungfrau:	Ockergelb, Olivgrün, Hellbraun
Waage:	Rosa, Pfirsichfarben
Skorpion:	Schwarz, Marineblau, Rotbraun
Schütze:	Orange, Gold
Steinbock:	Marineblau, Schwarz, Grau
Wassermann:	Kobaltblau
Fische:	Purpur, Indigoblau

Kerzenzauber für eine angenehme Reise

Dieser einfache Zauber basiert auf der Symbolkraft von Farben und Astrologie. Führen Sie ihn durch, wenn der Mond im Schützen steht (dem Zeichen, das Astrologen mit Reisen verbinden).

Sie brauchen:

- eine Landkarte oder einen Stadtplan des Ortes, an den Sie reisen wollen
- eine orangefarbene Kerze
- einen Kerzenständer
- einen Kugelschreiber oder Nagel
- Streichhölzer oder ein Feuerzeug

Reinigen Sie den Ort, an dem Sie den Zauber durchführen wollen – am besten durch Verbrennen von Salbei –, um unerwünschte Energien zu vertreiben. Dann ziehen Sie einen magischen Kreis. Legen Sie die Landkarte oder den Stadtplan mit der bedruckten Seite nach oben auf Ihren Altar oder eine andere ebene Fläche, wo die Kerze gefahrlos brennen kann.

Ritzen Sie mit dem Kugelschreiber oder dem Nagel das astrologische Symbol für Schütze in die Kerze.

♐

Stecken Sie die Kerze in den Kerzenständer, platzieren diesen auf die Karte oder den Stadtplan und zünden die Kerze an. Während Sie in die Flamme blicken, stellen Sie sich vor, Sie seien bereits an dem Ort, den Sie besuchen wollen. Stellen Sie sich vor, Sie genießen jeden Moment dort. Gestalten Sie Ihre Imagination so lebhaft wie möglich – imaginieren Sie, wie Sie die Sehenswürdigkeiten bestaunen, leckere regionale Spezialitäten probieren, die Gesellschaft Ihrer Freunde genießen. Verbringen Sie so viel Zeit mit dieser Imagination, wie Sie möchten. Wenn Sie sich bereit dafür fühlen, öffnen Sie den Kreis und entlassen Ihre gewirkte Magie in die reale Welt.

Lassen Sie die Kerze ganz herunterbrennen.

Kerzen sind mit der einfachste Weg, Farben in Zauber und Rituale zu integrieren – Magiker haben gewöhnlich immer mehrere in unterschiedlichen Farben vorrätig. Wollen Sie beispielsweise einen Liebeszauber ausführen, zünden Sie rosafarbene Kerzen an, für einen Wohlstandszauber eignen sich grüne oder goldfarbene Kerzen. Bei der Herstellung von Talismanen und Amuletten sollten Sie zur Aufbewahrung der magischen Zutaten Beutel in den astrologisch passenden Farben benutzen. Wählen Sie Kristalle und Edelsteine in Farben, die Ihrem Ziel entsprechen – also etwa Rosenquarz für Liebeszauber oder grüne Jade, um Reichtümer anzuziehen. Auch Ihren Altar können Sie mit einem Tuch in der entsprechenden Farbe bedecken und vielleicht zusätzlich Blumen in derselben Farbe darauf platzieren.

Magische Quadrate

Ein magisches Quadrat ist eine uralte Anordnung kleinerer nummerierter Quadrate, die so in Zeilen und Spalten arrangiert sind, dass sich die Zahlen jeder Zeile und Spalte zur gleichen Summe addieren. Im Hebräischen *kamea* genannt, besitzen diese Quadrate magische Eigenschaften, die Sie für Ihren Zauber nutzen können.

Es gibt viele verschiedene Arten von magischen Quadraten. Die auf den Seiten 183 und 184 abgebildeten korrespondieren mit der Sonne, dem Mond und den fünf Planten, die wir von der Erde aus mit bloßem Auge sehen können. Diese Quadrate verkörpern die Energien der Himmelskörper und können dazu verwendet werden, kosmische Kräfte für magische Zwecke anzulocken.

Eine Möglichkeit, an der Kraft eines Planeten oder anderen Himmelskörpers teilzuhaben, besteht darin, auf dessen magisches Quadrat eine Sigille zu zeichnen. Das Wort Sigille kommt vom Lateinischen sigillum, was so viel bedeutet wie Siegel oder Zeichen. Wählen Sie das magische Quadrat, das zu dem Planeten in Beziehung steht, der Ihr Ziel regiert. Sagen wir, Sie wollen innere Stärke entwickeln. Stärke ist dem Saturn zugeordnet, daher sollten Sie Ihren Zauber auf dem magischen Quadrat des Saturn durchführen.

6	32	3	34	35	1
7	11	27	28	8	30
19	14	16	15	23	24
18	20	22	21	17	13
25	29	10	9	26	12
36	5	33	4	2	31

Sonne

37	78	29	70	21	62	13	54	5
6	38	79	30	71	22	63	14	46
47	7	39	80	31	72	23	55	15
16	48	8	40	81	32	64	24	56
57	17	49	9	41	73	33	65	25
26	58	18	50	1	42	74	34	66
67	27	59	10	51	2	43	75	35
36	68	19	60	11	52	3	44	76
77	28	69	20	61	12	53	4	45

Mond

22	47	16	41	10	35	4
5	23	48	17	42	11	29
30	6	24	49	18	36	12
13	31	7	25	43	19	37
38	14	32	1	26	44	20
21	39	8	33	2	27	45
46	15	40	9	34	3	28

Venus

4	9	2
3	5	7
8	1	6

Saturn

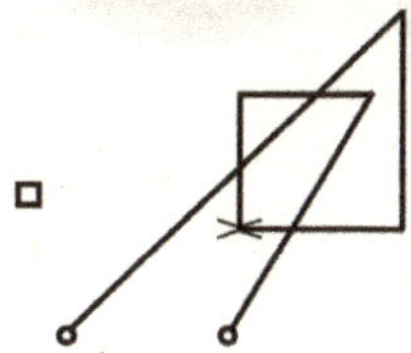

Als Nächstes entwerfen Sie eine Sigille aus dem Wort Stärke. Dazu müssen Sie als Erstes die Buchstaben des Wortes in ihre numerologischen Werte übersetzen. In der Numerologie, über die wir bereits kurz gesprochen haben, entspricht jeder Buchstabe einer Zahl.

1	2	3	4	5	6	7	8	9
A	B	C	D	E	F	G	H	I
J	K	L	M	N	O	P	Q	R
S	T	U	V	W	X	Y	Z	

Zahlen-Buchstaben-Tabelle

Die Buchstaben für das Wort Stärke sind laut unserer Tabelle diese:

1 2 1 5 9 2 5
S T A E R K E

Nun legen Sie ein Blatt Transparentpapier über das magische Quadrat des Saturn. Suchen Sie das Kästchen, das dem numerologischen Wert des ersten Buchstabens (S = 1) entspricht, und zeichnen Sie darüber einen kleinen Kreis auf das Papier. Dann ziehen Sie eine Linie von diesem Kreis zu dem Kästchen des zweiten Buchstabenwertes (T = 2) – und so weiter und so fort, bis Ihre Zeichnung das Wort »buchstabiert«.

Wenn zwei nebeneinanderliegende Buchstaben denselben numerologischen Wert haben, was in unserem Beispiel nicht der Fall ist, markieren Sie die Stelle, an der die Linie das Kästchen schneidet, das die Zahl enthält, mit einem ><. Berechnen Sie die Quersumme der Buchstaben des gesamten Wortes, bis Sie eine einstellige Zahl haben (25 = 2 + 5 = 7).

Zeichnen Sie an dieser Stelle ein kleines Quadrat ein. Haben Sie eines der größeren magischen Quadrate verwendet, das mehr bezifferte Kästchen enthält, platzieren Sie Ihr kleines Quadrat in das Kästchen mit der Zahl 25.

Zeichnen Sie einen weiteren kleinen Kreis ans Ende der Linie. Dieser vollendet Ihre Sigille, das magische Symbol für Stärke.

Um Ihrem Vorhaben möglichst viel Kraft zu verleihen, sollten Sie Ihr Symbol an einem Ort platzieren, wo Sie es möglichst oft sehen. Oder Sie kerben es in eine Kerze und lassen diese in einem Zauber abbrennen, um Ihr Ziel in den Kosmos hinauszusenden. Natürlich können Sie auch das Papier zusammenfalten und die Sigille in einen Talisman- oder Amulett-Beutel geben. Und vielleicht haben Sie noch Lust, dazu passende astrologische Symbole, Runen oder andere Bilder, die Sie mit Stärke assoziieren, auf die Rückseite der Papier-Sigille zu zeichnen.

KAPITEL 11

MAGISCHE PFLANZEN

Nichts existiert und passiert am sichtbaren Himmel,
was von den Kräften der Erde und der Natur nicht auf
verborgene Weise wahrgenommen würde.

JOHANNES KEPLER

Alles und jedes in unserer natürlichen Welt steht in Beziehung zu einem oder mehreren Himmelskörpern. Diese Verbindungen basieren auf energetischen Ähnlichkeiten zwischen irdischen Dingen und »himmlischen« Einflüssen. In einigen Fällen ist die Verwandtschaft ganz offensichtlich – so wie etwa eine Sonnenblume in Farbe und Form der Sonne ähnelt. In anderen Fällen sind die Zusammenhänge energetischer Natur oder zeigen sich auf der Schwingungsebene.

In der Sprache der Astrologie heißt dies, dass Sonne, Mond und Planeten über alle lebendigen Dinge, unbelebten Objekte und Handlungen – de facto über jeden Aspekt unseres Lebens – »herrschen«. Einst galten die Himmelskörper als reale Verkörperung der Gottheiten, die die Geschehnisse auf Erden lenkten, und da jeder Gott und jede Göttin bestimmte Verantwortlichkeiten hatte, resultierte daraus ein Konzept mit je eigenen »Hoheitsgebieten«.

Wenn Sie mit diesen Energien arbeiten und ein Gespür für sie entwickelt haben, werden Sie verstehen, warum beispielsweise Wein in Verbindung mit Neptun gebracht wird und warum Computer dem Uranus zugeordnet sind.

In diesem Kapitel habe ich für Sie Tabellen zusammengestellt, die die Analogie zwischen astrologischen Faktoren und Pflanzen aufzeigen, die Sie in Ihrer magischen Arbeit verwenden können. Seit Menschengedenken nutzen praktizierende Magiker die Eigenschaften von Pflanzen, um Beschwerden zu lindern, Glück und Wohlstand anzuziehen und Unheil abzuwenden. Die alten Druiden erfanden gar eine eigene Schrift und ein System der Weissagung, Ogham genannt, dessen Runen bzw. Schriftzeichen bestimmten Baumarten zugeordnet sind. Wenngleich unser modernes Gesundheitssystem zur Behandlung von Krankheiten und Beschwerden primär auf Medikamente setzt, besteht doch noch großes Interesse an pflanzlichen Heilmitteln und auf Pflanzen basierenden Heilmethoden.

Pflanzen zählen zu den bekanntesten und beliebtesten Zutaten für Zaubermittel aller Art. Wenn Sie wissen, welche Pflanzen zu welchen Planeten oder Sternzeichen in Beziehung stehen, können Sie die passenden Substanzen wählen, um die Wirkkraft eines Zaubers zu verstärken. Überlegen Sie als Erstes, was Sie mit Ihrem Zauber erreichen wollen, und suchen das zugehörige Tierkreiszeichen aus. Liebeszauber etwa stehen in Verbindung zur Waage, dem Zeichen der zwischenmenschlichen Beziehungen, und mit Venus, dem herrschenden Planeten der Waage. Anschließend wählen Sie Substanzen, die mit dem entsprechenden Tierkreiszeichen oder Himmelskörper assoziiert sind. In manchen Fällen werden Sie vielleicht auch Pflanzen verwenden wollen, die zu den astrologischen Daten Ihres eigenen Geburtshoroskops oder dem der Person passen, für die der Zauber gelten soll. Sagen wir, Sie möchten jemanden unterstützen, der in seinem Geburtshoroskop überwiegend Luftzeichen hat und diese künftig auch ganz praktisch einsetzen möchte. Um Talismane zu kreieren oder einen Zauberkräutertrank zu brauen, empfehlen sich Pflanzen, die den Erdzeichen Stier, Jungfrau oder Steinbock zugeordnet sind. Heilzauber könnten speziell ausgesuchte Pflanzen enthalten, die den geschwächten Aspekten im Horoskop des Erkrankten neue Energie verleihen oder problematische Einflüsse mildern.

Bevor Sie eine Pflanze für einen Zauber pflücken oder beschneiden, bitten Sie sie um Erlaubnis. Nehmen Sie Kontakt zu dem Geist oder der Seele (Deva) der Pflanze auf und erklären Sie ihr, wie Sie die Blüten, Blätter oder Rinde zu verwenden gedenken. Beschreiben Sie das Ergebnis, das Sie mit Ihrem Zauber erreichen wollen. Bitten Sie auch Naturgeister um Unterstützung. Vielleicht mögen Sie auch einen kurzen Segen oder eine Beschwörungsformel sprechen, um der Pflanze dafür zu danken, dass sie ihre Energie und ihre Wirkstoffe für Ihr Vorhaben zur Verfügung stellt.

Die Wirkmacht der Pflanzen

Im viktorianischen Zeitalter war es gängige Praxis, Botschaften in Form von Blumensträußen zu übermitteln. Jede Blume hatte eine bestimmte Bedeutung, und einige standen in Verbindung mit astrologischen Energien. Bis heute gelten Rosen als Symbol der Liebe – nicht überraschend für Astrologen, die Rosen mit der Waage verbinden, dem Sternzeichen von Liebe, Romantik und

BACH-BLÜTENTHERAPIE

In den 1930er Jahren entwickelte der englische Arzt Dr. Edward Bach ein Heilverfahren, das sich die Schwingungen von Blüten und Pflanzenteilen zunutze macht. Er fand heraus, dass Pflanzen die Fähigkeit haben, emotionale, körperliche und seelische Leiden zu lindern und ihre Heilung zu fördern. Im Unterschied zur Pflanzenheilkunde, die pflanzliche Inhaltsstoffe für Arzneitränke, Wickel oder Salben verwendet, basieren die ursprünglich 38 von Bach entwickelten Blütenessenzen einzig und allein auf den Schwingungseigenschaften von Pflanzenextrakten. Zur Gewinnung der Essenzen legte er Blüten in eine Glasschale mit Quellwasser, stellte sie in die Sonne und ließ das Ganze einige Zeit ziehen. So geben die Pflanzen ihre Energien, die ihnen von Natur aus innewohnen, an das Wasser ab und entfalten ihre heilsame Wirkung, wenn wir es trinken.

Beziehungen. Einige Pflanzen kommen in dem Monat zur Blüte, in dem die Sonne in dem ihnen zugehörigen Sternzeichen steht. Narzissen, auch Osterglocken oder Märzenbecher genannt, blühen zumeist in den Frühlingsmonaten von Widder und Stier (wobei die Blütezeit natürlich je nach Region variiert). Manche Pflanzen verfügen über Eigenschaften, die denen des Sternzeichens ähneln, mit dem sie assoziiert werden. Hanf beispielsweise, aus dessen Fasern solide Taue für die Schifffahrt hergestellt werden, ist auch für seine Winterhärte bekannt und dem Erdzeichen Steinbock zugehörig. Seerosen und Lotosblumen wachsen im Wasser und sind daher mit den Wasserzeichen Krebs und Fische verwandt. Weil Pflanzen Lebewesen sind, verfügen sie über besonders kraftvolle Schwingungseigenschaften, die Sie bei Ihrer Arbeit nutzen können. Getrocknete Blüten, Blätter, Wurzeln, Rinde oder Samen lassen sich für Amulette und Talismane verwenden. Pflanzenextrakte sind Grundbestandteil vieler Parfums, Duftöle und Räucherwerke. In ihrem Klassiker *Das geheime Leben der Pflanzen* erwähnen Peter Tomkins und Christopher Bird die Experimente des Pflanzenzüchters Luther Burbank. Burbank zeigte, dass positive Gedanken dazu beitragen, Pflanzen kräftiger und gesünder wachsen zu lassen und sogar ihre üblichen Eigenschaften verändern können. Seither wurde die günstige Wirkung, die freundliche Ansprache bzw. das Vorspielen angenehmer Musik auf Pflanzen hat, vielfach untersucht und hat dabei an Glaubwürdigkeit und Akzeptanz gewonnen. 2017 fanden Andras Zlinsky und Anders Barfod von der niederländischen Aarhus-Universität heraus, dass Bäume eine Art Herzschlag haben. Die Forstwissenschaftlerin Suzanne Simard entdeckte zudem, dass Bäume lebenswichtige Informationen austauschen. Sie kommunizieren über ein Netzwerk feinster Wurzeln und »sprechen« mit charakteristischen Stimmen miteinander.

Ebenso wie Edelsteine werden auch Pflanzen häufig mit bestimmten Monaten in Verbindung gebracht. Dennoch sollten Sie Pflanzen immer nach dem Geburtszeichen, nicht nach dem Geburtsmonat auswählen. Die nachfolgende Tabelle zeigt, welche Pflanzen zu welchem Sternzeichen passen. Lassen Sie bei der Arbeit mit Pflanzen stets große Sorgfalt und gesunden Menschenverstand walten. Einige Pflanzen sind nicht essbar, und manche sollten auch nicht in direkten Kontakt mit der Haut kommen. Nicht alle Astrologen und praktizierenden Magiker werden den Zuordnungen zustimmen, die ich zwischen Tierkreiszeichen und Pflanzen aufgelistet habe – und natürlich erheben diese Tabellen auch keinen Anspruch auf Vollständigkeit. Unterschiedliche Schulen nehmen unterschiedliche Zuordnungen vor. Sie werden auch bemerken, dass es einige Überlappungen gibt, da viele Substanzen in Beziehung zu mehr als einem Sternzeichen stehen. Und es könnte durchaus sein, dass Sie mit wachsendem astrologischem Wissen und praktischer Erfahrung auf eigene, neue Zusammenhänge kommen.

Blühpflanzen und zugehörige Tierkreiszeichen

Wassermann:	Wildrose, Orchidee, Strelitzie
Fische:	Veilchen, Passionsblume, Glyzine, Lotosblume
Widder:	Osterglocke, Geißblatt, Löwenmäulchen, Hyazinthe
Stier:	Akelei, Gänseblümchen, Lilie, Narzisse, Orchidee, Klee, Flieder, Tulpe
Zwillinge:	Azalee, Geißblatt, Maiglöckchen, Eisenkraut, Schafgarbe, Rainfarn, Heidekraut
Krebs:	Schwertlilie, Jasmin, Seerose, weiße Rose, Rittersporn
Löwe:	rote Rose, Mohn, Ringelblume, Pfingstrose, Dahlie, Sonnenblume, Gladiole
Jungfrau:	Aster, Heidekraut, Lavendel, Myrte, Prunkwinde
Waage:	Kosmee, Apfelblüte, Gänseblümchen, Gardenie, Rose, Veilchen, Hibiskus, rosafarbener Klee

Skorpion: Chrysantheme, Eisenhut, Fingerhut, Distel

Schütze: weiße Narzisse, Weihnachtskaktus, Löwenzahn, Magnolie

Steinbock: Gartennelke

Kräuter und zugehörige Tierkreiszeichen

Wassermann: Ginseng, Piment, Gewürznelke, Zimt, Muskatnuss

Fische: Seetang, Melisse, Salbei

Widder: Cayennepfeffer, Kreuzkümmel, Knoblauch, Paprika, Senfmehl, Nessel

Stier: Pfefferminze, Petersilie, Katzenminze, Gelbwurz

Zwillinge: Baldrian, Dill, Fenchel, Lemongras, Majoran, Ingwer

Krebs: Anis, Sesam, Koriander, Mohnsamen, Ysop

Löwe: Zimt, Safran, Rosmarin, Sonnenblumenkerne, Estragon

Jungfrau: Enzian, Kümmel, Selleriesamen, Bohnenkraut, Kamille

Waage: Gelbwurz, Poleiminze, Pfefferminze, Thymian, Himbeere

Skorpion:	schwarzer Pfeffer, Granatapfelkerne, Koriander
Schütze:	Gewürzlorbeer, Odermennig, Hopfen, Kardamom, Ysop
Steinbock:	Mohnsamen, Beinwell, Basilikum, Sternanis

MAGISCHE SPEISEN

»Man ist, was man isst« – diesen Ausdruck hat jeder schon einmal gehört, und es steckt in der Tat viel Wahrheit darin. Bei magischen Ritualen spielen Speisen und Getränke oft eine große Rolle, zum einen wegen ihrer großen Symbolkraft, aber auch, weil sie im Körper bestimmte chemische Reaktionen hervorrufen. Zudem nehmen wir mit jedem Nahrungsmittel, das wir uns zuführen, die jeweils energetischen Eigenschaften in unseren Körper auf. Insofern kann der Verzehr bestimmter Speisen und Getränke ein wichtiger Teil Ihrer magischen Arbeit sein.

Feurig scharfe, stark würzige Speisen wie Chilischoten sind natürlicherweise mit dem Feuerzeichen Widder verbunden, ebenso wie Meeresfrüchte mit dem Wasserzeichen Krebs (der Krabbe). Kaffee und Tee, die die geistige Aktivität anregen, haben eine ähnliche Schwingung wie die geistig überaus regen Luftzeichen Zwillinge und Wassermann.

Bäume und zugehörige Tierkreiszeichen

Wassermann:	Vogelbeere, Holunder
Fische:	Weide
Widder:	Esche, Hartriegel, Ahorn

Stier:	Magnolie, Robinie
Zwillinge:	Weißdorn, Feige
Krebs:	Weide, Zypresse
Löwe:	Buche, Ölbaum
Jungfrau:	Haselnuss, Birke, Pappel
Waage:	Apfelbaum, Kastanie
Skorpion:	Eukalyptus, Efeu, Walnuss
Schütze:	Zeder, Sandelholz, Eibe
Steinbock:	Eiche, Kiefer, Fichte, Tanne, Eibe

Duftöle und zugehörige Tierkreiszeichen

Wassermann:	Neroli, Zimt, Nelke
Fische:	Ylang-Ylang, Glyzine, Melisse
Widder:	Schwarzer Pfeffer, Zitrone
Stier:	Bergamotte, Eisenkraut, Flieder
Zwillinge:	Geißblatt, Maiglöckchen, Lavendel, Geranie
Krebs:	Kamille, Rosmarin, Muskatellersalbei
Löwe:	Weihrauch, Mandel
Jungfrau:	Lavendel, Fenchel, Kamille, Thymian

Waage:	Rose, Jasmin, Pfefferminze, süße Orange
Skorpion:	Patschuli, Eukalyptus, Moschus
Schütze:	Sandelholz, Myrrhe, Salbei, Weihrauch
Steinbock:	Myrte, Kiefer, Basilikum, Teebaum

DIE KUNST DER AROMATHERAPIE

Aromatherapie bezeichnet die uralte Methode, mithilfe von Düften und ätherischen Ölen Gesundheit und Wohlbefinden zu fördern. Schon vor Tausenden von Jahren verwendeten die alten Ägypter, Griechen, Römer und Chinesen wohlriechende Essenzen, um alle möglichen Leiden emotionaler und körperlicher Natur zu behandeln. Die aus Pflanzen extrahierten ätherischen Öle können durch den Geruchssinn über die Nase aufgenommen oder direkt in die Haut eingerieben werden. Die Aromen wirken im limbischen System und beeinflussen Emotionen, Herzschlag und Blutdruck. Einen Duft aufzutragen, der mit dem eigenen Sternzeichen gut harmoniert, kann dem geistigen, emotionalen und körperlichen Wohlbefinden durchaus förderlich sein.

Speisen und Getränke pflanzlichen Ursprungs und zugehörige Tierkreiszeichen

Wassermann:	Kaffee, Zimt, Schaumweine (Sekt, Champagner)
Fische:	Wasser, Wein, Brunnenkresse, Seetang
Widder:	Zwiebeln, Knoblauch, scharfer Senf, Rhabarber, Salsa, Curry

Stier:	Bohnen, Konfekt, Schokolade, Weizen
Zwillinge:	Walnüsse, Haselnüsse, Kaffee, Tee, Karotten, Buchweizen, Blattsalat
Krebs:	Sesamöl, Melonen, Avocados
Löwe:	Mandeln, Sonnenblumenkerne, Safranreis, Bourbon-Vanille, Honig, Oliven
Jungfrau:	Weizen, Brot, Mais, Sassafras, grüner Tee
Waage:	Konfekt, Schokolade, Erdbeeren, Aprikosen, Himbeeren, Äpfel
Skorpion:	Pilze, Artischocken, Granatäpfel, gegorene Produkte
Schütze:	Esskastanien, Ahornsirup, Spargel, Tomaten
Steinbock:	Gerste, Bier, Hopfen, Kartoffeln, Rote Bete, Trockenfrüchte, Spinat

Die Verwendung von Pflanzen und pflanzlichen Extrakten in der Magie

Pflanzen werden in Ihrer magischen Arbeit vermutlich eine wichtige Rolle spielen – sie sind einfach zu beschaffen, vielseitig einsetzbar, preiswert – und es macht Freude, mit ihnen zu arbeiten. Obendrein können Sie Kräuter und Duftöle nicht nur für Heilzwecke einsetzen, sondern die Kraft der Pflanzen auch auf vielfältige Art für Zaubersprüche und Rituale nutzen.

Hier einige Vorschläge:

- Verwenden Sie Duftöle, Pflanzenwässer oder Harze, um Ihre Zauberutensilien aufzuladen.
- Fügen Sie Talismanen und Amuletten getrocknete Kräuter, Blüten, Rinde, Blätter oder anderes pflanzliches Material bei.
- Entzünden Sie Räucherwerk, um Bitten und Botschaften himmelwärts zu senden.
- Parfümieren Sie Kerzen mit Duftölen.

PFLANZENZAUBER FÜR EINE NEUE LIEBE

Dieser Zauber nutzt die Wirkkräfte von Blüten und Kräutern, um Liebe in Ihr Leben zu bringen. Fertigen Sie diesen Talisman bei zunehmendem Mond im Sternzeichen Stier oder Waage oder wenn möglich an einem Freitag. Je nach Ihrem Zeitplan können Sie auch die Position der Venus einbeziehen, indem Sie darauf achten, dass der Planet in einem günstigen Zeichen (Stier, Krebs, Waage oder Fische) und in harmonischer Beziehung zu anderen Himmelskörpern steht (nähere Informationen hierzu in Kapitel 13 und 14). Legen Sie alle Zutaten bereit und ziehen Sie um den Ort, an dem Sie den Zauber machen wollen, einen schützenden Kreis, um unerwünschte Schwingungen fernzuhalten. Nehmen Sie sich ausreichend Zeit, um darüber nachzudenken, was genau Sie sich von einer Liebesbeziehung erwarten und welche Art Mensch Sie anziehen möchten. Schreiben Sie auf ein Blatt Papier bis zu zehn Dinge, die Sie sich von der Partnerschaft wünschen. Je präziser Sie diese formulieren und je mehr Gefühl Sie einbringen, umso besser wird das Resultat ausfallen. Gehen Sie die Tabellen dieses Kapitels aufmerksam durch und suchen Sie diejenigen Blüten oder Kräuter aus, die zu Ihrem Ziel am besten

- Reinigen Sie Räume durch das Verbrennen von Salbei, Kiefer oder anderen reinigenden Pflanzen.
- Beseitigen Sie unerwünschte Schwingungen, indem Sie in Ihrem Wohn- oder Arbeitsbereich duftendes Blütenwasser versprühen.
- Nehmen Sie vor einem magischen Ritual ein Bad in aromatisiertem Wasser, um in die richtige Stimmung zu kommen.

passen. Viele Liebeszauber enthalten Rosenblütenblätter – rosafarbene für Romantik und Zuneigung, rote für Leidenschaft. Wenn Sie einen wohlhabenden Partner suchen, könnten Sie getrocknete Minzblätter beifügen. Weiße Nelken fördern die Stabilität einer Partnerschaft, Cayennepfeffer kann neuen Pepp bringen. Lesen Sie Ihre Liste laut vor und falten Sie danach das Papier drei Mal. Vielleicht möchten Sie das Papier auch mit einem passenden Duftöl beträufeln. Stecken Sie Ihre Liste dann in einen roten oder rosafarbenen Stoffbeutel und fügen Sie die Pflanzenteile bei, während Sie sich gleichzeitig die Dinge, die Sie sich von der Partnerschaft wünschen und für die die Pflanzen stehen, möglichst bildhaft vor Augen führen. Verschließen Sie nun den Beutel mit einem Band und entzünden Sie zum Thema Liebe passendes Räucherwerk (Rose, Jasmin oder Patschuli). Halten Sie den fertigen Talisman eine Minute lang in den duftenden Rauch, um ihn aufzuladen. Besiegeln Sie dann den Zauber mit dem alten Ritualsatz: »So möge es sein, allen zum Wohle.« Danach öffnen Sie den Kreis. Legen Sie den Talisman auf Ihren Nachttisch, unter Ihr Kopfkissen oder auf Ihren Altar, bis die Liebe, die Sie sich gewünscht haben, in Ihr Leben getreten ist.

- Fügen Sie Ihren Zaubertränken für den Verzehr geeignete Öle bei.
- Setzen Sie einen stärkenden Trank aus Kräutern und essbaren Blüten an.
- Verwenden Sie beim Kochen essbare Kräuter, deren Eigenschaften Ihr Vorhaben unterstützen.

Wie Sie gesehen haben, können Pflanzen alle möglichen Arten von Zauber unterstützen. Wenn Sie Ihren Zaubermitteln und Ritualen die passenden Pflanzenteile beifügen, können Sie deren Wirksamkeit enorm steigern.

Je nach Art des gewünschten Zaubers können Sie Blätter, Blüten, Duftöle oder andere Teile bzw. eine Mischung daraus verwenden. Probieren Sie Folgendes aus:

- Liebeszauber: Rose, Jasmin, Myrte, Gänseblümchen, roter Klee, Ylang-Ylang, Patschuli, Vanille, Majoran, Himbeere.
- Zauber für Wohlstand: Minze, Petersilie, Zeder, Zimt, Sonnenblume (Blütenblätter oder Kerne), Tulpe, Ringelblume, Dill, Pfennigbaum, Lorbeerblätter.
- Schutzzauber: Basilikum, Fenchel, Anis, Gartennelke, Rosmarin, Beinwell, Löwenmäulchen, Esche, Kiefer, Salbei.
- Zauber für beruflichen Erfolg: Ringelblume, Sonnenblume (Blütenblätter oder Kerne), Schwertlilie, Sandelholz, Lorbeerblätter, Piment, Zeder, Bergamotte.

Einige Pflanzen verfügen über Eigenschaften, die sie zu beliebten Ingredienzien vieler unterschiedlicher Zauber machen. Salbei etwa ist für seine reinigende Wirkung bekannt, und Magiker verbrennen häufig Salbei, um einen Raum für die magische Arbeit zu reinigen. Die beruhigenden Wirkstoffe des Lavendels können Ihnen helfen, sich in Vorbereitung auf einen Zauber oder ein Ritual zu entspannen bzw. besser zu konzentrieren. Experimentieren Sie auch mit verschiedenem pflanzlichem Material. Vielleicht stellen Sie fest, dass frische Blüten und Kräuter für eine lebhaftere Energie sorgen, die dazu beiträgt, dass ein Zauber besonders rasch wirkt, während getrocknete Pflanzenteile möglicherweise eine länger anhaltende Wirkung zeigen. Notieren Sie die Ergebnisse Ihrer Versuche in Ihrem Zauberbuch oder Ihrem Buch der Schatten, damit Sie alles später nachlesen und verfolgen können, welche Fortschritte Sie bei Ihrer Arbeit als Magiker bereits gemacht haben.

KAPITEL 12

EDELSTEINE UND KRISTALLE

Die Korrespondenztheorie, wonach die Position der Sterne das Denken, die Stimmung, die Wahrnehmung und die Gestalt beeinflusst, ist das Grundprinzip der esoterischen Lehre.

JAMES WASSERMAN

Seit Jahrtausenden tragen Menschen rund um den Globus Edelsteine, um Glück, Gesundheit, Liebe und Wohlstand anzulocken. Und bis vor Kurzem wurde der Wert von Edelsteinen weit mehr nach ihren magischen Eigenschaften als nach monetären Maßstäben gemessen. In Mittel- und Südamerika warfen die Menschen Jadesteine in Brunnen – als Gabe an die Geister, die ihnen frisches, erquickendes Wasser bescheren sollten. Römische Soldaten nahmen aus Blutstein gefertigte Amulette mit in die Schlacht; dieser grünliche, rot gesprenkelte Jaspis sollte Blutungen stillen. Altägyptische Frauen, darunter die Königin Nofretete, bemalten sich die Augenlider mit zerstoßenem Malachit, sie glaubten, dass er Infektionen vorbeuge. Moderne Wissenschaftler bestätigen dies und begründen es mit der speziellen Zusammensetzung dieses Minerals. Im 2. Buch Mose *Exodus* wird ein »Brustschild des Hohenpriesters« erwähnt, der zwölf Edelsteine enthalten sollte. In ihrem Buch *Die Weisheit der Edelsteine* schreibt Judy Hall dazu: »Das hebräische Wort für Brustschild bedeutet genau genommen so viel wie ›Beutel‹, was darauf hinweist, dass Aaron einen Leinenbeutel mit zwölf Edelsteinen um den Hals trug, die die zwölf Stämme Israels repräsentierten«, darunter vermutlich Sardonyx, Topas, Türkis und Amethyst.

Seit Alters glaubte man, dass viele der beliebtesten Edelsteine über schützende oder heilende Eigenschaften verfügen. So heißt es, dass Bernstein seinen Träger vor allen möglichen Gefahren beschützt – und dem Volksglauben zufolge kann er zudem vor Schwerhörigkeit, Taubheit und Zahnverlust bewahren. Im Orient trug man Jade für gute Gesundheit, und nach alter Überlieferung sollte der Stein seinen Besitzer auch vor dem Bösen sowie vor Unfällen schützen. Die alten Griechen glaubten, Jade beuge Magen- und Nierenproblemen vor. Amethyste sollten gegen nervöse Unruhezustände helfen und ihrem Träger inneren Frieden bringen. Als einem Lieblingsstein des Gottes Bacchus sagte man dem Amethyst zudem nach, er verhindere Trunkenheit.

Augenamulette – häufig aus Stein und in Form eines Auges gefertigt oder mit einem Auge bemalt bzw. entsprechend beschriftet – behüten Menschen seit Jahrhunderten vor den Kräften des Bösen. In der arabischen Welt sowie bei Persern, Hindus und Griechen erfreuen sie sich daher seit Langem großer Beliebtheit. Ein typisches Augenamulett bestand aus einem blauen Stein wie etwa Saphir, Lapislazuli oder Türkis.

In ihrem Buch *The Power of Jewelry* erwähnt Nancy Schiffer, frühere Kulturen seien überzeugt gewesen, dass Edelsteine »menschliche Gefühle und Leidenschaften aufnehmen und dadurch Eifersucht und Erschrecken ausdrücken konnten«. Auch wenn wir ihnen heute keine solch starken Emotionen mehr zuschreiben, sind die Menschen, die damit arbeiten, weiterhin fest überzeugt, dass es sich bei Edelsteinen keineswegs lediglich um neutrale Mineralzusammensetzungen oder schönes, schmückendes Zierwerk handelt – sie sind Lebewesen mit charakteristischen Eigenschaften und eigener Intelligenz. Darüber hinaus können wir eine Beziehung zu ihnen herstellen, um unsere Ziele voranzubringen. Bis heute nutzen Magiker Edelsteine und Kristalle, um die Kraft von Zauberutensilien zu steigern, heilende Energien anzurufen und zu bündeln sowie Zaubersprüche und Talismane in ihrer Wirkung zu verstärken.

Astrologie und Edelsteine

Ein Geburtsstein ist ein Edelstein, dessen Schwingung mit dem Sonnenzeichen eines Menschen harmoniert. Während wir sie heute hauptsächlich als schmückendes Accessoire tragen, wählten unsere Vorfahren Edelsteine häufig nach den astrologischen Eigenschaften aus, die in ihrem jeweiligen Geburtshoroskop beschrieben waren. Ihrem Glauben zufolge vermochten es Edelsteine, angeborene Schwächen auszugleichen und übermäßige Energien abzumildern. Heute wie damals nutzen wir Edelsteine, um Erwünschtes anzuziehen und Unerwünschtes fernzuhalten oder zumindest in seiner Wirkung zu beschränken. Wählen Sie einen Geburtsstein jedoch nicht nach dem Monat, in dem Sie geboren sind, sondern halten Sie sich vielmehr an Ihr Sternzeichen. Wassermann beispielsweise beginnt um den 20. Januar und endet um den 18. Februar. Astrologen betrachten den Granat als Geburtsstein des Wassermanns, doch Juweliere, die nichts von Astrologie verstehen, verbinden Granaten gewöhnlich mit dem Monat Januar und empfehlen für den Februar Amethyste. Der Amethyst gehört aus astrologischer Sicht allerdings zum Sternzeichen Fische. Wie Sie den nachfolgenden Tabellen entnehmen können, sind jedem Planeten und jedem Tierkreiszeichen mehrere Edelsteine zugeordnet. Diese Zuordnungen basieren auf energetischen Eigenschaften, Farben und anderen Aspekten. Widder etwa, die für ihr streitlustiges, wagemutiges und stürmisches Wesen bekannt sind, stehen in Verbindung mit dem Blutstein, den, wie oben erwähnt, bereits die römischen Soldaten als Amulett benutzten. Mondstein wiederum gehört zum Krebs, der dem Mond untersteht. Einige Edelsteine wie etwa der Aquamarin besitzen die Eigenschaften von mehr als einem Sternzeichen und sind daher auch mit mehreren verwandt. Edelsteine, die in mehreren Farbvarianten vorkommen wie beispielsweise der Achat, werden gewöhnlich dem oder den Planeten bzw. Sternzeichen zugeordnet, die der jeweiligen Farbe entsprechen – moosgrüner Achat also dem Stier, roter Jaspis dem Widder. Wie nicht anders zu erwarten, herrscht hinsichtlich dieser Zuschreibungen freilich keine einhellige Meinung.

Sonne:	Goldtopaz, Tigerauge, Karneol, Citrin, Rubin, gelber Saphir
Mond:	Perle, Mondstein, Milchquarz, Kalzit, Chalzedon
Merkur:	Fluorit, grüner Turmalin, Larimar, blauer Achat
Venus:	Rosenquarz, Jade, Türkis, Morganit, Malachit, Chrysopras

Mars:	Blutstein, Karneol, roter Sardonyx, roter Achat, Granat, Rubin
Jupiter:	Türkis, Aventurin, Sternsaphir
Saturn:	Onyx, Gagat, Malachit, brauner Jaspis, schwarzer Turmalin, Obsidian, Hämatit
Uranus:	Granat, Zirkonia, Rubin-Zoisit
Neptun:	Aquamarin, Saphir, Amethyst
Pluto:	Blutstein, Obsidian, Rauchquarz, Eldarit
Widder:	Diamant, Blutstein, roter Sardonyx, Karneol, roter Jaspis
Stier:	Smaragd, Jade, Türkis, Aventurin, Chrysopras
Zwillinge:	Aquamarin, Bergkristall, Fluorit, Citrin, Larimar
Krebs:	Perle, Mondstein, Milchquarz, Calcit, Chalzedon
Löwe:	Rubin, Bernstein, Tigerauge, Karneol, Goldtopaz, Citrin
Jungfrau:	Peridot, Moosachat, brauner Achat, Fluorit, Sardonyx, grüner Turmalin
Waage:	Rosenquarz, Opal, Jade, Morganit, Lapislazuli
Skorpion:	Rauchquarz, Magnetstein, Blutstein, schwarzer Opal, Stibnit, Labradorit

Schütze:	Türkis, Topaz, Aventurin, Lapislazuli, Saphir, Sodalit
Steinbock:	Onyx, Gagat, Rauchquarz, Obsidian, Hämatit
Wassermann:	Granat, Zirkonia, Rubin-Zoisit, Aquamarin
Fische:	Amethyst, Aquamarin, Larimar, Ametrin, Saphir

Edelsteinfarben

In Kapitel 10 haben wir die Bedeutung der Farbsymbolik für die Zauberei besprochen. Wenn Sie mit Kristallen und Edelsteinen arbeiten, sollten Sie stets Steine wählen, deren Farbe zu der gewünschten Wirkung passt.

- Rote Steine verstärken Leidenschaft und Sehnsucht, steigern Durchsetzungsvermögen und Mut und bestärken die Tatkraft. Dunklere Rottöne wie etwa von Granaten bringen mehr Entschlossenheit und Ausdauer als beispielsweise Karneol oder andere leuchtend rote Steine.
- Rosafarbene Steine fördern Liebe und Freundschaft, beruhigen aufwallende Gefühle, begünstigen zwischenmenschliche Beziehungen und unterstützen Gelassenheit, Ausgeglichenheit und Harmonie. Blassrosafarbene Steine begünstigen Zuneigung, während dunkler rosafarbene für stärkere Emotionen stehen.
- Orangefarbene Steine stärken Zuversicht und Selbstvertrauen, vergrößern die Offenheit für private wie berufliche

FARBEN UND DIE CHAKREN

Energie-Heiler verbinden die sieben Farben des sichtbaren Spektrums mit den sieben Hauptenergiezentren des Körpers, Chakren genannt.

- Rot: das Wurzel-Chakra am unteren Ende der Wirbelsäule
- Orange: das Sakral-Chakra, etwa eine Handbreit unter dem Nabel
- Gelb: das Solarplexus-Chakra zwischen Nabel und Herz
- Grün: das Herzchakra in der Mitte der Brust auf Höhe des Herzens
- Blau: das Halschakra am Hals, etwas unterhalb des Kehlkopfes
- Indigo: das Stirn-Chakra zwischen den Augenbrauen
- Violett: das Kronen-Chakra am Scheitelpunkt des Kopfes

Heiler legen Kristalle und Edelsteine der entsprechenden Farbe direkt auf den Körper oder in die Nähe der Chakren, um Gesundheit und Wohlbefinden zu fördern. Platziert man beispielsweise einen blauen Stein wie einen Aquamarin – der mit dem Sternzeichen Zwillinge in Verbindung und für Kommunikation steht – auf das Halschakra, kann dies die Person dabei unterstützen, ihre eigene Wahrheit auszudrücken.

Beziehungen und ziehen das Glück an. Dunklere Töne stehen für mehr Leidenschaftlichkeit und Durchsetzungsvermögen, goldfarbene für mehr unbeschwerten Frohsinn und Liebenswürdigkeit.

- Gelbe Steine regen Glücksgefühle und gute Beziehungen zu anderen Menschen an. Sie stimulieren die Kreativität und helfen Ihnen dabei, auch nach Rückschlägen oder Enttäuschungen positiv in die Zukunft zu blicken.
- Grüne Steine wirken sich förderlich auf die Genesung aus, locken Erfolg, Wohlstand und vielversprechende Chancen an und stärken Gleichmut und Zufriedenheit in Beziehun-

gen. Intensivere Grüntöne wie Smaragde stehen für Engagement und Verbindlichkeit; blassgrüne Jade repräsentiert Optimismus und beflügelt Glück und Freude.

- Blaue Steine wirken positiv gegen Stress, begünstigen das Gefühl von Ruhe und Frieden, fördern die Zuversicht, beflügeln Einsicht und Ideenreichtum und erleichtern die zwischenmenschliche Kommunikation sowie den Kontakt zum Reich der Geister. Dunklere Steine kommen der Intuition und tiefen Gefühlen zugute, während hellblaue der Gelassenheit und dem Gleichmut dienlich sind.

- Violette Steine erhöhen die spirituelle und seelische Kraft, lassen Weisheit und Wissen wachsen, erleichtern den Kontakt zu höheren Sphären und stärken die eigene Entschlossenheit. Dunklere Steine unterstützen Ihre Verbindung zum Göttlichen, hellere tragen zu mehr innerer Ruhe und emotionalem Gleichgewicht bei.

- Braune Steine ermöglichen es Ihnen, sich mit der Erde zu verbinden, eine gute Erdung in der materiellen Welt zu finden und konzentriert zu bleiben.

- Schwarze Steine kommen der inneren Stärke zustatten, helfen Ihnen dabei, Grenzen zu setzen, fördern die Ausdauer, stabilisieren finanzielle Angelegenheiten und vertreiben oder binden unerwünschte Kräfte.

- Weiße bzw. durchsichtige Steine geben Schutz, reinigen Ihren Raum und zerstreuen unerwünschte Energien, während sie gleichzeitig Klarheit und Einsicht schärfen.

Magische Eigenschaften der Steine

Die Energien, die Steinen innewohnen, sind sehr viel dichter als diejenigen, die man in Pflanzen findet. Steine existieren über eine lange Zeit und beinhalten daher Schwingungen, die sie im Rahmen von Zaubern oder Ritualen erhalten oder von ihrer Umgebung aufgenommen haben. Manche Menschen, die über übernatürliche Kräfte verfügen, sowie besonders sensible Personen können die Schwingungen, die von Steinen ausgehen, tatsächlich sehen oder fühlen – so wie sie vielleicht die Aura eines anderen Menschen sehen oder spüren können. Jeder Stein besitzt einzigartige Eigenschaften, die Sie für Ihre magische Arbeit nutzen können. Sie haben die Möglichkeit, einen einzelnen Stein zu verwenden oder mehrere zu kombinieren, deren Charakteristika zu Ihrem Vorhaben passen. In der nachfolgenden Tabelle finden Sie Vorschläge, wie Sie einige beliebte und leicht erhältliche Steine in Ihre magische Tätigkeit einbinden können.

- Achat: Verwenden Sie diesen Stein, um Ihre finanzielle Situation zu stabilisieren oder mit ungewissen oder chaotischen Gefühlslagen besser umgehen zu können. Da Achate in einer ganzen Reihe von Farben vorkommen, suchen Sie diejenige aus, die Ihrem Ziel am besten entspricht.

- Amethyst: Die feinen Schwingungen dieses Edelsteins lindern Stress und fördern Ruhe und Frieden in allen Lebensbereichen. Verwenden Sie ihn als Meditationshilfe oder zur Stärkung Ihrer Intuition.

- Aquamarin: Dieser Edelstein, der mit den Sternzeichen Wassermann und Fische verbunden wird, stärkt Vorstellungskraft, Fantasie und Intuition. Außerdem kann er Sie bei der Kommunikation mit Geistern und Gottheiten unterstützen.
- Aventurin: Nutzen Sie diesen opaken grünen Stein für Geldzauber oder um Fülle aller Art anzuziehen.
- Bergkristall: Der beliebteste und vielseitigste Stein für die magische Arbeit. Bergkristalle eignen sich für alle Arten von Zauber.
- Bernstein: Bernstein ist genau genommen kein Stein – er besteht aus fossilem Harz –, aber seine starken schützenden Eigenschaften machen ihn zu einem beliebten Hilfsmittel, wenn es um Sicherheitszauber geht.

PFLEGE VON KRISTALLEN UND EDELSTEINEN

Bevor Sie mit Kristallen und Edelsteinen arbeiten, reinigen Sie diese unter warmem Wasser mit einer milden Seife, um Staub und auch Energien anderer Personen zu entfernen, mit denen sie vielleicht früher in Berührung waren. Lassen Sie sie in der Sonne trocknen, um den Reinigungsprozess abzuschließen. Sie können Steine aufladen, indem Sie sie ca. eine Minute lang in den Rauch von Räucherwerk halten und dabei eine Beschwörungsformel sprechen oder singen oder indem Sie den Stein an eine Klangschale halten, um ihn eine Schwingung aufnehmen zu lassen, die zu Ihrem Ziel passt. Behandeln Sie Kristalle und Edelsteine stets mit Respekt – es sind Lebensformen, die auf Ihre Gedanken und Gefühle reagieren.

- Blutstein: Der vom Mars beherrschte Stein erhöht Mut, Selbstvertrauen und Durchsetzungsstärke. Verwenden Sie ihn, um bei Wettbewerben oder in Auseinandersetzungen Ihre Position zu stärken oder um sich zu schützen.
- Citrin: Ein wunderbarer reinigender Quarz, der magische Utensilien und auch andere Steine säubern kann. Außerdem vertreibt er schlechte Schwingungen – verwenden Sie ihn, um einen Ort für ein Ritual vorzubereiten.
- Diamant: Der für seine außerordentliche Härte bekannte Diamant stärkt Liebesbeziehungen und fördert die Verbindlichkeit bei allen Vorhaben.
- Fluorit: Dieser reinigende Stein kann Stress mildern und negative Gedanken vertreiben. Dem Sternzeichen Jungfrau zugeordnet, unterstützt er Klarheit und Konzentrationsfähigkeit und hilft Ihnen, Prioritäten zu setzen und sich im Job wie im Privatleben besser zu organisieren.
- Granat: Wie andere rote Steine auch erhöhen Granate in Liebeszaubern die Leidenschaftlichkeit. Zudem bieten sie Schutz gegen schädliche Einflüsse.
- Jade: Verwenden Sie diesen vielseitigen Stein für Zauber, die Liebe, Gesundheit, Wohlstand und all die anderen schönen Dinge des Lebens bringen.
- Kalzit: Als reinigender Stein sorgt der Kalzit für Energie, um Stress zu lindern und emotional aufgeladene Situationen zu entspannen.
- Karneol: Fügen Sie diesen rot-orangefarbenen Stein Liebeszaubern bei, um Leidenschaft und Potenz zu stärken.

- Lapislazuli: Dieser dunkelblaue Edelstein steht in Verbindung mit dem Stirnchakra, dem Ort des »dritten Auges«. Er fördert Intuition, Vorstellungskraft und den spirituellen Weitblick.

- Malachit: Wie andere grüne Steine untermauert Malachit die Kraft von Wohlstandszaubern. Verwenden Sie ihn, um Reichtum anzuziehen oder Ihre Finanzen zu abzusichern.

- Mondstein: Dieser zum Mond gehörige Stein kann bei emotionalen Fragen helfen. Nutzen Sie ihn, um Beziehungen zu Frauen zu verbessern, oder in allen Angelegenheiten rund um Haus und Hof.

- Obsidian: Der schwarze Stein stärkt Willenskraft und Entschlossenheit. Obendrein kann er Schutz bieten und Ihnen helfen, Hindernisse zu überwinden. Früher wurden aus ihm magische Spiegel gefertigt.

- Onyx: Dem Saturn unterstellt, erhöht der Onyx die Fähigkeit, Grenzen zu setzen, Stabilität zu erzeugen und Widrigkeiten abzuwehren. Sie können ihn auch verwenden, um unerwünschte Kräfte zu bannen und Hindernisse zu überwinden.

- Opal: Dieser Liebesstein, der zur Venus gehört, vermag emotionsgeladene Situationen auszugleichen und die Intuition zu stärken.

- Perle: Perlen galten den Göttinnen Isis und Freya als heilig. Nutzen Sie Perlen für Zauber zugunsten von Liebe, Glück und emotionaler Ausgeglichenheit. Zudem können sie Intuition, Fruchtbarkeit und Kreativität fördern.

- Peridot: Dieser reinigende und schützende Stein kann schlechte Energien beseitigen und mentalen wie emotionalen Stress mildern.
- Rauchquarz: Als stabilisierender Stein stärkt Rauchquarz die Verbindung zur Erde und sorgt dafür, dass Ihre Pläne gut geerdet sind. Nutzen Sie ihn, um Dinge loszulassen, die Ihnen nicht länger dienlich sind, oder um ungesunde Verhaltens- und Denkweisen abzustellen.
- Rosenquarz: Wie andere rosafarbene Steine eignet sich Rosenquarz vorzüglich für Liebeszauber. Seine sanfte, beruhigende Wirkung kann auch Emotionen glätten und ist der Harmonie in Beziehungen aller Art zuträglich.
- Rubin: Verwenden Sie Rubine in Liebeszaubern, um Leidenschaft und sexuelle Energie zu erhöhen. Rubine können auch Selbstvertrauen und beherztes Vorgehen fördern.
- Saphir: Dem Neptun unterstellt, verbindet dieser blaue Stein Sie mit der geistlichen Welt. Er kann zudem Ihre hellseherischen Fähigkeiten verbessern und die Kommunikation mit Gottheiten ermöglichen. Verwenden Sie Saphire, wenn Sie prophetische Träume anregen wollen.
- Smaragd: Smaragde unterstützen die seelische Heilung und fördern Liebe, Freude und Vergebung.
- Tigerauge: Dieser sonnenfarbene Stein ist beliebt für Zauber, die Wohlstand, Erfolg und Glück mehren sollen.
- Türkis: Der machtvolle und vielseitige Türkis bietet sich für Zauber zugunsten guter Gesundheit, Reichtum und Sicherheit an. Seine blaugrüne Färbung wirkt bei Stress und Ängsten beruhigend.

- Zirkonia: Der dem Wassermann zugehörige Stein begünstigt bedingungslose Liebe, Mitgefühl und Menschlichkeit. Er vermag Vorurteile aufzulösen, die Fairness zu fördern und Schutz zu bieten.

Ich verwende durchsichtige Kristalle und Edelsteine gern für Zauber, bei denen es um mentale oder spirituelle Angelegenheiten geht. Durchscheinende und milchige Steine nutze ich vorwiegend für emotionale Belange, opake für körperliche oder materielle Themen.

Die Verwendung von Kristallen und Edelsteinen in der Magie

Kristalle und Edelsteine werden vermutlich eine wichtige Rolle in Ihrem magischen Umfeld spielen. Sie sind so vielfältig einsetzbar, dass Sie sie praktisch für jeden Zauber verwenden können, und ihre Schönheit macht die Arbeit mit ihnen zu einem wahren Vergnügen. Obendrein können Sie sie tragen, ohne dass irgendjemand bemerkt, dass Sie gerade in magischer Mission unterwegs sind. Nachfolgend einige Vorschläge, wie Sie Kristalle und Edelsteine für Ihre magischen Tätigkeiten nutzen können.

- Stecken Sie sich einen Stein in die Tasche Ihrer Kleidung, um Erwünschtes anzuziehen.
- Setzen Sie einen Zaubertrank an, indem Sie einen Stein für eine Weile in Wasser oder eine andere Flüssigkeit legen und warten, bis das Getränk dessen Eigenschaften aufgenommen hat.
- Fügen Sie Talismanen und Amuletten Edelsteine bei.

EDELSTEINZAUBER FÜR EIN MAGISCHES QUADRAT

In Kapitel 10 haben Sie etwas über magische Quadrate erfahren und wie Sie Sigillen benutzen. Es ist auch möglich, mittels Kristallen oder Edelsteinen ein magisches Quadrat mit einem Zauber zu belegen. Wählen Sie ein Quadrat, das Ihr Ziel repräsentiert, d.h. zum Beispiel das Venus-Quadrat, wenn es um einen Liebeszauber geht. Als Nächstes suchen Sie die zu Ihrem Ziel passenden Edelsteine aus. Für Liebeszauber bietet sich hier etwa Rosenquarz an. In der Zahlen-Buchstaben-Tabelle in Kapitel 10 finden Sie die Zahlen für die Buchstaben des Wortes LIEBE (3, 9, 5, 2, 5); diese legen Sie auf die nummerierten Quadrate. Decken Sie die Steine und das magische Quadrat über Nacht mit einem schwarzen Tuch ab, damit Ihr Werk Früchte tragen kann.

- Legen Sie einen Schutzstein in die Nähe Ihrer Haus- oder Wohnungstür, um Ihr Zuhause vor allerlei Unbill zu bewahren.
- Nehmen Sie auf Reisen einen Schutzstein mit.
- Nutzen Sie eine Kristallkugel, um zu orakeln.
- Ziehen Sie mit einem Kristall-Zauberstab einen magischen Kreis.

Edelsteine in Kombination mit anderen Materialien

Sie können die Energien von Kristallen und Edelsteinen noch stärken, wenn Sie sie bei der magischen Arbeit mit bestimmten Metallen, Textilien oder anderen Materialien kombinieren. Alles auf dieser Welt steht mit bestimmten Energien in Beziehung, die mit den Himmelskörpern korrespondieren. Gold etwa wird seit Langem mit der Sonne in Zusammenhang gebracht, die ihrerseits über das Tierkreiszeichen Löwe herrscht. Silber ist mit dem Mond und dem Sternzeichen Krebs verbunden. Die Beziehungen zwischen den Himmelskörpern und verschiedenen Metallen reichen mindestens bis ins siebte vorchristliche Jahrhundert zurück. Frühe Alchemisten beobachteten die Positionen der Planeten und suchten günstige Zeitpunkte aus, um mit unterschiedlichen Metallen zu arbeiten. Egal ob Sie Edelsteine in Schmuckstücken, Kunstwerken, Zauberutensilien, Pendeln oder anderen Objekten einsetzen – achten Sie immer auf die Eigenschaften der Materialien, die Sie verwenden.

Widder:	Eisen, Stahl
Stier:	Kupfer, Messing
Zwillinge:	Quecksilber
Krebs:	Silber, Aluminium
Löwe:	Gold
Jungfrau:	Quecksilber
Waage:	Kupfer, Messing
Skorpion:	Plutonium
Schütze:	Weißblech
Steinbock:	Zinn, Blei
Wassermann:	Uran
Fische:	Platin

Auch Textilien und andere Materialien verfügen über astrologische Verbindungen. Manche sind ganz offensichtlich – Widder etwa steht natürlich mit Wolle in Beziehung und Stier mit Leder. Weitere Assoziationen beruhen auf den Eigenschaften eines Tierkreiszeichens. Hanf mit seinen starken Fasern und Jeansstoff etwa werden dem Steinbock zugeordnet, einem Zeichen, das für seine Stärke und Ausdauer bekannt ist. Seide wiederum, die zart und elegant ist, steht der Waage nahe. Berücksichtigen Sie diese Zuordnungen, wenn Sie Textilien für Amulett- oder Talisman-Beutel aussuchen, in denen die Edelsteine aufbewahrt werden sollen. Auch bei der Wahl von Stoffen für Altartücher, Traumkissen und Ritualkleidung sollten Sie die astrologischen Beziehungen nicht außer Acht lassen.

Widder:	Wolle
Stier:	Leder, Flachs, Baumwolle, Rayon
Zwillinge:	Chintz
Krebs:	Flanell
Löwe:	Pailletten, Lamé, Brokat
Jungfrau:	Chintz, Segeltuch
Skorpion:	Schlangenleder, recycelte Stoffe
Schütze:	Gummi, Elastan
Steinbock:	Ziegenleder, Mohair, Kaschmir, Alpaka, Hanf, Jeansstoff
Wassermann:	Federn, hauchdünne Gewebe
Fische:	Rayon, Nylon, Acryl

Nachdem Sie jetzt einen ersten Einblick in die astrologischen und magischen Eigenschaften von Edelsteinen und Textilien gewonnen haben, können Sie Ihre Kleidung entsprechend wählen und auch Ihr Heim bewusst so ausstatten und dekorieren, dass es zu Ihren Zielen passt. Ihre Garderobe und Ihr Umfeld bieten laufend Potenzial für Magie aller Art. Das macht Spaß, und niemand braucht zu wissen, was Sie da umtreibt.

KAPITEL 13

FINDEN SIE DEN RICHTIGEN ZEITPUNKT

Die Welt muss nicht in Ordnung gebracht werden, die Welt ist in Ordnung. Es ist an uns, uns selbst in Einklang mit dieser Ordnung zu bringen.

HENRY MILLER

Wenn Sie im Juni in Vermont Tomaten pflanzen, sind die Chancen auf eine reiche Ernte wesentlich größer, als wenn Sie sie im März in die Erde setzen. Ebenso hat Ihre magische Arbeit viel bessere Aussichten, Früchte zu tragen, wenn Sie die Samen dazu zur rechten Zeit legen – das heißt wenn die kosmischen Energien mit Ihrem Vorhaben zeitlich übereinstimmen. Das Leben auf Erden verläuft zyklisch. Wir existieren in einem Muster täglicher, monatlicher und jährlicher Zyklen. Das Geburtshoroskop selbst ist ein Kreis, durch den wir die zyklischen Bewegungen der Planeten und die damit korrespondierenden Ereignisse in unserem Leben erfahren. Diese Zyklen bilden ein Raster, auf das wir aufbauen, ein Energiesystem, aus dem wir Kraft tanken können für unsere magischen Handlungen. In Kapitel 6 haben wir die Positionen von Sonne und Mond sowie die Mondphasen und Finsternisse betrachtet und erörtert, wie wir an deren Kräfte am besten teilhaben können. In Kapitel 9 haben wir über den jährlichen Zyklus gesprochen, der als Jahresrad bekannt ist, und überlegt, wie wir uns mit den Energien jeder Speiche dieses Jahres am besten verbinden und sie feiern können. In diesem Kapitel nun werden wir weitere Techniken in Augenschein nehmen, die Astrologen benutzen, um für magische Handlungen das optimale Timing zu finden.

Der wichtigste Teil jedes Zaubers oder Rituals liegt in der Intention, die der Magiker verfolgt. Magische Werkzeuge, Worte, Gebärden, Gewänder und andere Requisiten können die magische Handlung verstärken, den Zauber selbst aber erzeugen sie nicht – sie verleihen dem Magiker lediglich ihre Energien und helfen ihm, seinen Geist zu fokussieren.

Die Himmelswoche

In früheren Zeiten glaubten die Menschen, dass die Gottheiten, die die damals bekannten Himmelskörper unseres Sonnensystems bewohnten, über die einzelnen Wochentage herrschten. Astrologen verbinden daher die sieben mit bloßem Auge erkennbaren Planeten mit bestimmten Tagen.

Sonntag: von der Sonne regiert

Montag: vom Mond regiert

Dienstag: von Mars regiert

Mittwoch: von Merkur regiert

Donnerstag: von Jupiter regiert

Freitag: von der Venus regiert

Samstag: von Saturn regiert

Sie können die Energie eines bestimmten Himmelskörpers beschwören, Sie bei Ihrer Magie zu unterstützen, indem Sie Zauberhandlungen und Rituale an dem Wochentag ausführen, der mit diesem Planeten korrespondiert. So erhöhen Sie quasi die Oktanzahl Ihres Zaubers.

Sonntag

Laut Astrologie steht die Sonne in enger Verbindung mit Ihrer Identität, Ihrem Selbstbild, Ihrem Lebenszweck und Ihrer Individualität. Am Tag der Sonne sollten Sie folglich Zauber ausführen, die Ihr Selbstwertgefühl, Ihre eigene Kraft oder Ihre Außenwirkung stärken. Es ist eine gute Zeit für Zauber, die Ihre Karriere fördern, ein berufliches Vorhaben unterstützen, Ihre Führungskompetenzen erhöhen, die Ihre Werbung in eigener Sache voranbringen oder Glück in jedweder Hinsicht anziehen. Die kreative Energie der Sonne kann künstlerische Pläne unterstützen und Ihre Kreativität beflügeln. Auch Zauber für Gesundheit und Vitalität sollten Sie an einem Sonntag durchführen.

Montag

Der Mond herrscht über Haus und Hof, Familie und alle »inneren Angelegenheiten«. Am Tag des Mondes sollten Sie magische Handlungen ausüben, die Ihr Heim und Ihre Familie schützen. Wenn Sie die Fruchtbarkeit fördern oder typische Frauenleiden lindern wollen, ist Montag ein guter Tag, um die weibliche Natur des Mondes anzusprechen. Astrologen verbinden den Montag auch mit den Gefühlen und der Intuition; daher werden Zauber zugunsten emotionaler Befindlichkeit, Liebe, Harmonie und Zufriedenheit am besten an einem Montag durchgeführt. Dies ist auch ein guter Zeitpunkt für mediale Arbeit und Weissagungen.

Dienstag

Mars, der mit Durchsetzungsvermögen, Aktivität, Tapferkeit und Wettstreit in Verbindung gebracht wird, regiert über den Dienstag. Jetzt ist die richtige Zeit für Zauber, die Mut machen, die Körperkraft stärken und die Vitalität erhöhen. Zauber für einen Erfolg bei Wettkämpfen oder Konflikten sowie zur Überwindung von Hindernissen werden am besten an einem Dienstag ausgeübt. Mars ist mit Sexualität (vor allem männlicher) assoziiert sowie mit Lust und Begierde im Allgemeinen. Nutzen Sie den Dienstag für Zauber, die die Leidenschaft oder Potenz steigern. Das aktive Naturell des Planeten vermag auch verfahrene Situationen wieder in Gang zu bringen und Bemühungen aller Art neuen Schwung zu verleihen.

Mittwoch

Astrologen verbinden Merkur mit Kommunikation und geistiger Beweglichkeit. Der Tag dieses Planeten bietet sich daher für Zauber an, die die mentale Kraft steigern, die Kommunikation erleichtern oder Geschäfts- und Vertragsverhandlungen begünstigen sollen. Es ist ein guter Zeitpunkt, sich in Magie weiterzubilden, in Ihr Zauberbuch zu schreiben oder mit Gleichgesinnten Ideen auszutauschen. Zauber, die Affirmationen oder Beschwörungen enthalten, können von den Energien profitieren, die mittwochs besonders wirksam sind. Da Merkur auch Ihr direktes Umfeld beherrscht, könnten Sie diesen Tag für Zauber nutzen, die Sicherheit und Komfort für Reisen in Ihre nähere Umgebung betreffen, also beispielsweise ein Amulett für Ihr Auto anfertigen. Wenn Sie die Beziehung zu Ihren Nachbarn verbessern möchten, sprechen Sie dafür mittwochs einen Zauber.

Donnerstag

Jupiter, der Planet für Expansion, Fernreisen, höheres Wissen und Glück, regiert über den Donnerstag. Nutzen Sie Donnerstage für Zauber zugunsten wachsenden Wohlstands, größerer Chancen bei beruflichen und persönlichen Vorhaben und um Erfolg bei Unternehmungen aller Art anzuziehen. Zauber für Sicherheit und Komfort bei längeren oder Fernreisen werden am besten donnerstags praktiziert. Dies ist auch ein guter Tag, um sich über höhere Sphären fortzubilden oder spirituelle bzw. metaphysische Studien zu betreiben. Auch Glückszaubern aller Art gibt die expansive Kraft des Jupiters enormen Auftrieb.

Freitag

Der Freitag untersteht der Venus, dem Planeten der Liebe und zwischenmenschlichen Beziehungen. Er ist der ideale Tag für Liebeszauber – egal ob Sie einen neuen Partner finden oder eine bestehende Partnerschaft verbessern möchten. Wollen Sie neue Freundschaften schließen, die Unterstützung hilfreicher Menschen gewinnen oder Ihr soziales Netzwerk erweitern – Freitag ist der richtige Wochentag für einen entsprechenden Zauber. Auch Wohlstandszaubern schenkt Venus günstige Energie. Da dieser Planet zudem die Künste regiert, werden Zauber für kreative Ideen oder Erfolg auf künstlerischem Gebiet am besten freitags durchgeführt.

Samstag

Am Samstag regiert der Saturn. Astrologen verbinden diesen Planeten mit Abgrenzung, Stabilität, Ausdauer und innerer Stärke. Führen Sie Schutzzauber am besten an einem Samstag durch. Dies ist auch ein guter Zeitpunkt für Zauber, um Konkurrenten mattzusetzen, anderen die eigenen Grenzen aufzuzeigen, unerwünschtes Wachstum einzuschränken und Dinge zu Ende zu bringen. Samstag ist der beste Tag für Zauber, bei denen es darum geht, stabile Fundamente zu legen, Disziplin und Willensstärke zu erhöhen, ungute Gewohnheiten abzulegen und widrige Kräfte zu bannen.

Planetenstunden

In ihrem Buch *A Time for Magick* erklärt Maria Kay Simms: »Für die Menschen des Altertums begann der ›Tag‹ mit Sonnenaufgang und endete mit Sonnenuntergang. Die Stunden wurden als Unterteilungen des hellen Tages (Tageslicht) bzw. der dunklen Nacht (Sonnenuntergang bis Sonnenaufgang) betrachtet. Tag und Nacht haben jeweils zwölf Stunden, doch die zwölf Stunden waren nicht akkurat in Sechzig-Minuten-Abschnitte unterteilt. Das Planetenstunden-System spiegelt ganz klar die Realität: Im Sommer sind nämlich die Tagesstunden länger als die Nachtstunden, während im Winter die Tagesstunden kürzer und die Nachtstunden länger werden.«

Stunde	Sonntag	Montag	Dienstag	Mittwoch	Donnerstag	Freitag	Samstag
1.	Sonne	Mond	Mars	Merkur	Jupiter	Venus	Saturn
2.	Venus	Saturn	Sonne	Mond	Mars	Merkur	Jupiter
3.	Merkur	Jupiter	Venus	Saturn	Sonne	Mond	Mars
4.	Mond	Mars	Merkur	Jupiter	Venus	Saturn	Sonne
5.	Saturn	Sonne	Mond	Mars	Merkur	Jupiter	Venus
6.	Jupiter	Venus	Saturn	Sonne	Mond	Mars	Merkur
7.	Mars	Merkur	Jupiter	Venus	Saturn	Sonne	Mond
8.	Sonne	Mond	Mars	Merkur	Jupiter	Venus	Saturn
9.	Venus	Saturn	Sonne	Mond	Mars	Merkur	Jupiter
10.	Merkur	Jupiter	Venus	Saturn	Sonne	Mond	Mars
11.	Mond	Mars	Merkur	Jupiter	Venus	Saturn	Sonne
12.	Saturn	Sonne	Mond	Mars	Merkur	Jupiter	Venus

Das System der Planetenstunden wurde von altgriechischen Astrologen zwischen 400 und 300 v. Chr. entwickelt. Diesem System zufolge wird die Zeit zwischen Sonnenaufgang und Sonnenuntergang in zwölf gleich große Abschnitte unterteilt, Selbiges gilt für die Zeit zwischen Sonnenuntergang und Sonnenaufgang. Somit haben die Stunden bei Tagundnachtgleiche dieselbe Länge. (Der rechnerischen Einfachheit halber passen heutige Magiker die Planeten manchmal unserer Uhrzeit an.)

Über jede Stunde des Tages und der Nacht herrscht ein bestimmter Planet. Die erste »Stunde« des Tages wird von dem Himmelskörper regiert, der über den Tag herrscht – am Sonntag also von der Sonne, am Montag vom Mond und so weiter. Die nachfolgenden Stunden unterstehen den Planeten dann in der Reihenfolge: Sonne, Venus, Merkur, Mond, Saturn, Jupiter und Mars. So beherrscht zum Beispiel am Montag der Mond die erste Stunde nach Sonnenaufgang, Saturn die zweite Stunde, Jupiter die dritte und so weiter. Am Donnerstag prägt der Einfluss von Jupiter die erste Stunde, Mars dominiert die zweite und die Sonne die dritte.

Mithilfe dieses Systems können Sie Ihre magische Tätigkeit verfeinern und die planetarischen Energien gezielt in Ihre Arbeit einfließen lassen. Viele Zauber und Rituale umfassen die Eigenschaften von mehr als einem Himmelskörper. So können etwa sowohl Venus als auch Jupiter Wohlstandszauber verstärken. Um sich der hilfreichen Energien beider Planeten zu bedienen, könnten Sie einen Geldzauber in der vierten Stunde an einem Donnerstag oder in der fünften Stunde an einem Freitag durchführen. Ein Zauber zur Stärkung einer Ehe dürfte von der Kombination der Energien von Venus und Mond profitieren, zur Steigerung sexueller Lust sollten Sie den vereinten Einfluss von

Venus und Mars nutzen. Indem Sie himmlische Energien auf diese Weise verbinden und aufeinander abstimmen, können Sie aus allen vorhandenen Quellen schöpfen.

Mit mehreren Himmelseinflüssen arbeiten

Vielleicht haben Sie nun den Eindruck, dass es enorm viel zu berücksichtigen gilt, wenn Sie nach der besten Zeit für einen Zauber suchen. Bevor Sie jedoch das Gefühl bekommen, von all dem überfordert zu sein, denken Sie daran, dass es nicht immer nötig ist, alles zu beachten, was wir angesprochen haben. Manchmal eilt es eben, und Sie können nicht auf den perfekten Moment warten. Da die Sonne der zentrale Himmelskörper unseres Sonnensystems – und der wichtigste Aspekt eines Horoskops – ist, achten einige Menschen beim Planen ihrer magischen Arbeit zuallererst auf ihre Position. Ich sehe mir jedoch häufig zuerst Mondzeichen und Mondphase an – und würde beispielsweise niemals einen Wohlstandszauber bei abnehmendem Mond vornehmen. Und weil sich der Mond zudem im Rahmen seines 28-Tage-Zyklus durch alle zwölf Sternzeichen bewegt, während die Sonne 365 Tage benötigt, um den Tierkreis zu durchlaufen, muss ich nicht allzu lange warten, bis der Mond in einer Position ist, die mein Ziel unterstützt. Als Nächstes gilt es zu entscheiden, welche Himmelskörper in enger Beziehung zu Ihrem Vorhaben stehen. In welchem Sternzeichen liegt es? Wie wird es zu dem Zeitpunkt, an dem Sie Ihren Zauber oder Ihr Ritual ausüben wollen, von anderen Planeten beeinflusst? Bei einem Liebeszauber etwa wird die Position der Venus eine wichtige Rolle für den Erfolg spielen. Im Idealfall sollten Sie den Zauber durchführen, wenn Venus sich in einer günstigen Position hinsichtlich Sternzeichen (Stier, Waage, Fische, Krebs) und Aspekt befindet. Aspekte sind, wie in Kapitel 2 erläutert, die Winkelbeziehungen zwischen zwei oder mehr Himmelskörpern. Jeder Körper beeinflusst alle anderen. Geht es also um mehr Romantik in einer Beziehung oder um mehr Verbindlichkeit in einer Partnerschaft, empfiehlt sich ein Zeitpunkt, zu dem Venus in einem günstigen Aspekt zu Saturn steht. Wollen Sie hingegen Lust und Leidenschaftlichkeit neuen Auftrieb geben, sollten Sie den Zauber ausführen, wenn Venus und Mars oder Venus und Uranus harmonisch zusammenspielen. Natürlich hängt das Ganze auch von Ihrem zeitlichen Rahmen ab – da die Planeten unterschiedlich schnell über das Firmament wandern, könnte die ideale Positionierung erst in einigen Monaten oder gar Jahren eintreten. Eine gute Idee ist es, darauf zu achten, ob der Planet gerade direkt- oder rückläufig ist. Wie in Kapitel 6 erklärt, scheint es in regelmäßigen Abständen so, als änderten Planeten ihre Laufrichtung und bewegten sich – von unserem Standort auf der Erde aus gesehen – rückwärts. In diesen Zeiten der Rückläufigkeit kommt die Energie des Planeten in etwas veränderter Form zum Ausdruck. Daher könnte Ihr Zauber zum Beispiel länger brauchen, um zu wirken, das Ergebnis könnte unklar ausfallen oder zeigt sich eher als inneres Erleben denn als äußeres Ereignis. Direktläufigkeit, Rückläufigkeit und scheinbare Stagnation sind bei jedem Planeten anders – einige bleiben über mehrere Wochen hinweg rückläufig, andere über viele Monate. Schlagen Sie in einem Astronomischen Kalender die Ephemeriden (Positionswerte) nach, um die Bewegungen der Planeten in Erfahrung zu bringen. Ich persönlich betrachte den Wochentag bei der Zeitplanung meiner Zauber als weniger wichtig; andere Astrologen halten das anders. Ist Eile geboten, führen Sie den Zauber am besten am Tag desjenigen Planeten durch, der zu Ihrem Ziel passt. Vielleicht können oder wollen Sie mit einem Liebeszauber nicht warten, bis die Sonne – oder auch nur der Mond – im Stier oder in der Waage steht. In diesem Fall können Sie die Energie der Venus nutzen, indem Sie den Zauber an einem Freitag machen. Und wenn es wirklich dringend ist, suchen Sie die Planetenstunde, die Ihr Anliegen unterstützt, und führen den Zauber dann durch. Je vertrauter Sie mit den grundlegenden Eigenschaften der Planeten sowie den Tierkreiszeichen werden, die sie regieren, umso einfacher wird es Ihnen fallen, Zauber und Rituale so zu terminieren, dass die kosmischen Energien das gewünschte Ergebnis optimal befördern.

ZUM GUTEN SCHLUSS

Nun haben wir gemeinsam unser Sonnensystem bereist und unseren kurzen Besuch bei Sonne, Mond und Planeten beendet. Als astrologische Forschungsreisende haben wir das Naturell unserer himmlischen Nachbarn kennengelernt und gesehen, wie sie uns hier auf der Erde beeinflussen. Wir haben ein tieferes Verständnis und größere Achtung für den Kosmos und unseren Platz darin gewonnen. Selbst wenn Sie Ihr ganzes Leben lang Astrologie und Magie studieren, werden Sie niemals alles wissen. Dieses Buch ist als kleine Einführung in diese uralte Kunst und als Leitfaden dafür gedacht, wie Sie Astrologie nutzen können, um Ihre magischen Handlungen zu optimieren. Vielleicht möchten Sie sich eingehender mit Astrologie oder Magie oder beidem befassen. Je tiefer Sie in die Materie eintauchen, umso mehr werden Sie davon fasziniert sein. Sie werden begreifen, wie alles auf Erden und im Himmel zusammenhängt und wie Sie sich in dieses magische Universum einfügen, in dem wir alle leben. Sollten Sie bislang allein auf astrologischen Pfaden unterwegs gewesen sein, haben Sie nun vielleicht den Impuls, mit anderen zusammenzuarbeiten – oder wenigstens die magischen Zeremonien gemeinsam mit anderen Menschen zu gestalten. Wenn Sie in Ihrer unmittelbaren Nähe keine Gruppe finden, können Sie einer Online-Gruppe beitreten, um Ideen, Informationen und Erfahrungen auszutauschen. Ein guter Ausgangspunkt für die Suche ist die englischsprachige Webseite The Witches' Voice (www.witchvox.com). Vielleicht haben Sie auch Lust bekommen, verschiedene Arten von Magie auszuprobieren, um herauszufinden, welche am besten zu Ihrer Persönlichkeit passt und Ihren Wünschen und Bedürfnissen am ehesten entspricht. Sie müssen sich dabei nicht auf ein einzelnes System festlegen. Sollten Sie Astrologie bislang noch nicht in Ihre Zauber und Rituale einbezogen haben – und jetzt merken, dass Ihre Arbeit davon profitieren könnte –, lade ich Sie ein, mehr darüber in Erfahrung zu bringen. Eine gute Methode, Ihre astrologischen Kenntnisse zu erweitern, besteht darin, einschlägige Kurse oder Kongresse zu besuchen, die von astrologischen Organisationen und Verbänden angeboten werden. Informieren Sie sich auf entsprechenden Webseiten über Kurse, Webinare, Workshops, Publikationen, Mitgliedschaften und mehr. Außerdem möchte ich Sie ermutigen, Artikel, Bücher und Blogposts zum Thema zu lesen – was immer Sie anspricht. Ständig werden neue Ideen entwickelt und Techniken entdeckt. Jede Tür, die Sie öffnen, führt zu weiteren Türen. Und notieren Sie Ihre Erfahrungen in einem Zauberbuch, das Ihnen auch Ihre Fortschritte aufzeigt. Vor allem aber gilt: Probieren Sie es aus! Magie und Astrologie sind nichts für die Theorie, sondern für die Praxis. Wie bei allen anderen Fähigkeiten und Fertigkeiten gilt: Je mehr Sie sie nutzen und einsetzen, umso besser werden Sie darin. Haben Sie keine Angst, einen »Fehler« zu machen. »Fehler sind«, so James Joyce, »das Tor zu neuen Entdeckungen.« Lassen Sie sich von Ihrer Intuition leiten. Probieren Sie Neues aus, experimentieren Sie – und genießen Sie es. Ich wünsche Ihnen viel Spaß und Freude dabei!

GLOSSAR

abnehmender Mond: die Zwei-Wochen-Phase zwischen Vollmond und Neumond, wenn der Mond dem Anschein nach langsam kleiner wird.

Achsenkreuz: vier Fixpunkte im Horoskopkreis. Der Begriff wird gemeinhin in Verbindung mit den wichtigsten Spitzen verwendet: Aszendent, Deszendent, Medium coeli, Imum colei, die den Kreis vierteilen.

Affirmation: eine positiv bekräftigende Formel, um ein Ergebnis zu erwirken.

Alchemie: Prozesse der magischen Umwandlung einer Substanz in eine andere.

Amulett: ein kleiner Gegenstand, ein »Glücksbringer«, der Schutz bieten und Unheil abwehren soll.

Aspekt: Winkelbeziehung, die eine energetische Verbindung zwischen zwei oder mehreren Planeten oder Punkten in einem Horizont bildet, sodass diese sich gegenseitig beeinflussen; die wichtigsten Aspekte sind: Konjunktion, Sextil, Quadrat, Trigon, Opposition.

Aszendent: eine wichtige Achse in einem Geburtshoroskop; er bezeichnet den aufgehenden Grad des Tierkreiszeichens zum gegebenen Zeitpunkt der Geburt am Osthorizont; er ist das erste Haus im Horoskop.

Athame: ein rituelles Zeremonienmesser, um Zauber zu wirken; assoziiert mit dem Element Luft.

ätherischer Körper: feines Energiefeld, das den physischen Körper umgibt, auch Aura genannt.

aufladen: ein magischer Vorgang zur Steigerung der Wirkkraft ritueller Werkzeuge, Talismane, Amuletts sowie anderer Gegenstände und Substanzen.

Buch der Schatten: siehe *Grimoire*.

Chakra: Energiezentrum, die potenziellen Kraftzentren im menschlichen Körper; es gibt sieben Haupt-Chakren und viele kleinere Chakren.

Divination: magisches Orakel, um in die Zukunft zu sehen.

Druiden: Magiker, Heiler, Lehrer, Hohepriester/innen, politische Ratgeber, Weise unter keltischen Völkern in Irland, auf den Britischen Inseln und in Teilen des Nordeuropas (zwischen 500 v. Chr. und 500 n. Chr.).

Element: eine Naturkraft im Universum; die vier Elemente sind: Luft, Erde, Feuer, Wasser.

Elementarwesen (Elementargeister): nicht-physische Wesen, assoziiert mit den vier Elementen und der Natur; Luftwesen werden Sylphen genannt, Erdwesen sind als Gnome bekannt, Feuerwesen sind Feuersalamander, Wasserwesen heißen Undinen.

Ephemeriden: Tafel, in der die täglichen Stellungen von Sonne, Mond und Planeten vorausberechnet sind; Tabelle des täglichen Gestirnstandes.

Erde: eines der vier Elemente; assoziiert mit der materiellen Welt und physischen Objekten.

Feng Shui: chinesische Kunst der Gestaltung von Wohn- und Lebensräumen.

Feuer: eines der vier Elemente, assoziiert mit Kreativität, Inspiration, Vitalität.

fix: eine Qualität einiger Tierkreiszeichen; Fixzeichen sind beständig: Stier, Löwe, Skorpion, Wassermann.

Geburtshoroskop: ein astrologisches Himmelsbild, berechnet für den gegebenen Zeitpunkt der Geburt einer Person oder der Gründung eines Unternehmens, einer Stadt oder eines anderen Gebildes; auch einfach nur als Horoskop bezeichnet; basiert auf Zeit, Datum und Ort der Geburt/Gründung; es zeigt die Positionen von Sonne, Mond, Planeten und anderen astronomischen Gegebenheiten.

Glyphe: Symbol oder Zeichen.

Gottheit: Gott, Göttin, höhere Mächte.

Grimoire: Notizbuch eines Magikers, um Zauber, Rituale, Praktiken und Befunde zu vermerken; auch Buch der Schatten genannt.

Halbsextil (Quinkunx): astrologischer Aspekt, bei dem in einem Horoskop zwei oder mehrere Planeten in einem Winkelabstand von ungefähr 147–153 Grad zueinander stehen.

Haus: einer der zwölf Abschnitte in einem Horoskop; jedes Haus entspricht einem bestimmten Lebensbereich.

Horoskop: siehe Geburtshoroskop.

I Ging: altes chinesisches Buch der Weisheit, das Konfuzius zugeschrieben wird; es dient als Orakel und besteht aus einer Sammlung von 64 sechszeiligen Strichzeichen (Hexagramme), wovon jedes eine bestimmte Bedeutung hat; auch *Buch der Wandlungen* genannt.

Jahresrad (Wicca-Jahreskreis): jahreszeitliche heidnische Festtage, die den Zyklus von Werden und Vergehen in der Natur symbolisieren.

Kabbala: alte mystische Lehre des Judentums.

kardinal: eine Qualität einiger Tierkreiszeichen; Kardinalzeichen sind engagiert und dynamisch: Widder, Krebs, Waage, Steinbock.

Kelch (Zauberkelch): ein magisches Werkzeug, assoziiert mit dem Element Wasser; ein ritueller Becher oder Pokal.

Kessel: ein magisches Werkzeug; assoziiert mit weiblicher, schöpferischer Energie; ein kessel- oder topfförmiges Gefäß.

Konjunktion: ein astrologischer Aspekt zwischen zwei oder mehreren Planeten/Punkten, die in einem Horoskop in einem Winkel von etwa sieben Grad zueinander positioniert sind.

Kreuz-Viertel-Tage: die Tage, an denen die Position der Sonne auf halbem Weg zwischen den Tagundnachtgleichen und den Sonnenwenden steht; diese Feiertage (auch Sabbate genannt) sind: Imbolc, Beltane, Lughnasadh, Samhain.

Luft: eines der vier astrologischen Elemente; assoziiert mit Kommunikation und geistiger Aktivität.

Magie: Kunst, mithilfe veränderter Bewusstseinszustände im Einklang mit dem Willen Veränderungen herbeizuführen; bisweilen auch als »Magik« oder engl. »magick« bezeichnet, um sich von der Kunst der Illusion abzugrenzen.

Magiker: eine Person, die sich der feinstofflichen Energien bewusst ist, die um uns und im Universum existieren, und die sich diese Energien für bestimmte magische Zwecke nutzbar zu machen weiß.

magisches Alphabet: Alphabet, dessen Buchstaben für magische Symbole verwendet werden, im Allgemeinen ein Alphabet, das nicht dem der Muttersprache des Magikers entspricht; vielgenutzte magische Alphabete sind: Hebräisch, Koptisch, Ogham, Henoch, Griechisch, ägyptische Hieroglyphen, Sanskrit.

magisches Quadrat: Muster aus Quadraten innerhalb von Quadraten, verwendet in der praktischen Magie; verbunden mit Sonne, Mond und den Planeten; jedes kleine Quadrat enthält eine Zahl und jedes Quadrat ist so angelegt, dass die Summe jeder Reihe, jeder Spalte und jeder Diagonalen die gleiche Zahl ergibt.

Medium coeli: die Spitze des zwölften Hauses im Horoskop.

Mudra: symbolische, rituelle Bewegung oder Geste.

Neuheiden: Neuheiden sind Anhänger des sogenannten Neopaganismus, die ihre Überzeugungen und Praktiken an frühen heidnischen Traditionen in Europa, auf den Britischen Inseln und andernorts orientieren.

Numerologie: Zahlenmystik.

Ogham: alte Runenschrift der Kelten, auch als »Baumalphabet« bezeichnet, in dem jeder Buchstabe, jedes Symbol einem Baum zugeordnet ist.

okkult: verborgen, geheim; oft assoziiert mit Wissen, Geheimbünden und Praktiken, die verschwiegen wurden, um Verfolgung zu vermeiden.

Opposition: astrologischer Aspekt, bei dem in einem Horoskop zwei oder mehrere Planeten oder Punkte in einem Winkelabstand von ungefähr 173–187 Grad zueinander stehen.

Orakel: Instrument (wie Tarot, Runen oder das *I Ging*), das als Brücke zwischen der persönlichen Bewusstheit und dem höhern Bewusstsein dient, um Weisheit zu erlangen oder in die Zukunft zu sehen.

Paganismus: siehe *Neuheiden*.

Pendel: Instrument zur Wahrsagerei, meist ein an einer Schnur aufgehängtes kleines Gewicht, um feine Schwingungen und Energien aufzunehmen.

Pendeln: eine Methode, um Schwingungen, verborgene Dinge oder Substanzen zu erspüren, oftmals mithilfe eines kleinen Gewichts an einer Schnur (Pendel).

Pentakel: eines der vier Hauptwerkzeuge in der praktischen Magie; ein fünfspitziger, von einem Kreis umschlossener Stern; assoziiert mit Schutz, dem menschlichen Körper, dem Element Erde.

Planetenstunden: System zur Unterteilung von Tag und Nacht in gleiche Teileinheiten; jede Stunde wird von der Sonne, dem Mond oder einem Planeten regiert.

Präzession: die Zeit, in der die tatsächlichen Sternbilder deckungsgleich sind mit den astrologischen Tierkreiszeichen, die ihren Namen tragen, und die Sonne (von der Erde aus gesehen) auf 0 Grad Widder im Frühlingsäquinoktium positioniert ist. Da die Erde etwas »eiert«, verändert sich die Position der Erde in Relation zur Sonne im Tierkreis jedes Jahr geringfügig. Dadurch verschiebt sich die Erde vor der Kulisse der Sternbilder langsam aber stetig nach hinten, und der Tierkreis scheint immer weiter vorzurücken, uns quasi vorauszugehen.

Quadrat: ein astrologischer Aspekt zwischen zwei oder mehreren Planeten/Punkten, die in einem Horoskop in einem Winkel von etwa 83–97 Grad zueinander positioniert sind.

Quinkunx: siehe *Halbsextil*.

Reinigung: ein ritueller Akt zur Säuberung eines Bereichs von negativen Energien und Schwingungen, üblicherweise ausgeführt mit dem Rauch von brennenden Salbeiblättern oder anderen reinigenden Kräutern.

Ritual: magischer Ritus oder magische Praktik, die üblicherweise eine Reihe vorgegebener Abläufe, Worte oder Handlungen enthält.

rückläufig: wenn ein Planet (von der Erde aus gesehen) am Himmel scheinbar »rückwärts« läuft.

Runen: Alphabet, das als Orakel verwendet wird; die bekanntesten Runen stammen der Überlieferung nach aus dem nördlichen Europa.

Salomonssiegel: sechsspitziger Stern, gebildet aus den Schnittpunkten der alchemistischen Symbole für die Elemente.

Schamane: eine Person, die in Fühlung ist mit nicht-physischen Welten, ein Wanderer zwischen den Welten; Schamanen wissen Energien für Heilungen, »Shapeshifting« (Gestaltwandlungen), Reisen und andere magische Praktiken nutzbar zu machen.

Sextil: ein astrologischer Aspekt zwischen zwei oder mehreren Planeten/Punkten, die in einem Horoskop in einem Winkel von etwa 53–67 Grad zueinander positioniert sind.

Shapeshifting: schamanische Praktik, die eigene Gestalt zu wandeln, um ein anderes Wesen zu werden (z. B. ein Tier), im wörtlichen oder geistigen Sinne.

Sigille: magisches Symbol aus Buchstaben und/oder Symbolbildern, die der abstrakten Darstellung von Zaubersprüchen dienen; meist so, dass sie nicht entziffert werden können und geheim bleiben.

Spitze: die Trennlinie zwischen zwei Häusern in einem Horoskop.

Talisman: kleiner magischer Gegenstand, der Glück bringen soll.

Tarot: Orakel unbekannter Herkunft, meist bestehend aus 78 illustrierten Karten, die zur geistigen Orientierung und Meditation verwendet werden, aber auch, um Einsichten zu gewinnen oder in die Zukunft zu blicken; die großen Arkana-Archetypen repräsentieren das menschliche Dasein und verschiedene Entwicklungsrichtungen.

Tierkreiszeichen: Widder, Stier, Zwillinge, Krebs, Löwe, Jungfrau, Waage, Skorpion, Schütze, Steinbock, Wassermann, Fische.

Transit: Bewegung eines Himmelskörpers am sichtbaren Himmel.

Trigon: ein astrologischer Aspekt zwischen zwei oder mehreren Planeten/Punkten, die in einem Horoskop in einem Winkel von etwa 113–127 Grad zueinander positioniert sind.

veränderlich: eine Qualität einiger Tierkreiszeichen; veränderliche Zeichen befinden sich im Fluss; dazu zählen: Zwillinge, Jungfrau, Schütze, Fische.

Viertel-Tage: Sonnenwenden und Tagundnachtgleichen (Äquinoktien), die das Sonnenjahr vierteilen.

void of course: Die Phase im Monat, in der sich der Mond »im Leerlauf« befindet (Void-of-course-Mond). Wenn der Mond bei seinem Lauf durch ein Tierkreiszeichen keinen Hauptaspekt mit einem anderen Planeten mehr bildet, bis er dieses Zeichen verlässt und in ein nächstes eintritt; meist als unproduktive oder inaktive Zeit betrachtet.

Wahrsagen: Methoden, um über die Grenzen des normalen, körperlichen Sehvermögens hinauszuschauen, oft indem man den Blick in glänzende Oberflächen (z. B Schwarzspiegel), spiegelglatte Gewässer oder eine Kristallkugel versenkt.

Wasser: eines der vier astrologischen Elemente, assoziiert mit Gefühlen und Intuition.

Wicca: Anhänger der Mysterienreligion, einer neu gestalteten, naturverbundenen Spiritualität, die im Einklang mit Natur und Kosmos zu leben versuchen.

Yang: die urmännliche Kraft im Universum.

Yin: die urweibliche Kraft im Universum.

Zauber: magische Handlung, die vollzogen wird in einem veränderten Bewusstseinszustand, um ein bestimmtes, wohlformuliertes Ergebnis zu erwirken.

zunehmender Mond: die Zwei-Wochen-Phase zwischen Neumond und Vollmond, wenn der Mond dem Anschein nach langsam größer wird.

BIBLIOGRAFIE

Einführung

Hand, Robert: *Horoscope Symbols*. Rockport, Mass.: Para Research 1981.

Kraig, Donald Michael: *Modern Magick.* 2nd ed. St. Paul, Minn.: Llewellyn Publications 1999.

Parker, Derek und Julia Parker: *The Compleat Astrologer.* New York: McGraw-Hill 1971.

Whitcomb, Bill: *The Magician's Companion*, St. Paul, Minn.: Llewellyn Publications 1998.

Kapitel 1

Alexander, Skye: *Find Your Goddess*. Avon, Mass.: Adams Media 2018. (Dt. *Finde deine Göttin. Nutze ihre Kraft und Weisheit.* Köln: Anaconda 2019.)

Andrews, Ted: *Sacred Sounds*. St. Paul, Minn.: Llewellyn Publications 1992.

Leven, Michelle: »Medical Astrology«. Dell Horoscope, vol. 62, no. 9, September 1996.

Mann, A. T.: *Astrology and the Art of Healing*. New York: Paraview Press 2004.

Mann, A. T.: *Sacred Architecture.* Shaftesbury, England: Element Books 1993.

The Llewellyn Encyclopedia. Llewellyn.com 2018.
Turnage, Beth: »Astrological Society of Connecticut: Exploring Medical Astrology«. astrologyexplored.net 2011.
Whitcomb, Bill: *The Magician's Companion*. St. Paul, Minn.: Llewellyn Publications 1998.

Kapitel 2

Devlin, Mary: *Astrology & Past Lives*. Rockport, Mass.: Para Research, Inc. 1987.
Gauquelin, Michel und Françoise Gauquelin: *The Gauquelin Book of American Charts*. ACS Publications 1982.

Kapitel 3

Alexander, Skye: *Mermaids: The Myths, Legends, and Lore*. Avon, Mass.: Adams Media 2012.
Arroyo, Stephen: *Astrologie, Psychologie und die vier Elemente*. IRIS Bücher, 4. Aufl., 2017
Bulfinch, Thomas: *Bulfinch's Mythology*. New York: Penguin 2014 (erstmals 1855 und 1858).
Greene, Liz: *Star Signs for Lovers*. Briarcliff Manor, NY: Stein and Day Publishers 1980.
Kelynda: *The Crystal Tree*. West Chester, Pa.: Whitford Press 1987.

Kapitel 4

Alexander, Skye: *Find Your Goddess*. Avon, Mass.: Adams Media 2018. (Dt. *Finde deine Göttin. Nutze ihre Kraft und Weisheit.* Köln: Anaconda 2019.)
Gino, Francesca und Michael I. Norton: »Why Rituals Work«, www. scientificamerican.com.

Hamaker-Zondag, Karen: *Psychological Astrology: A Synthesis of Jungian Psychology and Astrology*. York Beach, Maine: Red Wheel/Weiser 1990.

Joel, Alan: »Ritual Magic: The Importance of Daily Rituals and Ritual Magic Throughout the Year«, shamanmagic.blogspot. com 2013.

Kapitel 5

Alexander, Skye: *The Modern Witchcraft Book of Tarot*. Avon, Mass.: Adams Media 2017.

Walker, Wren: »The Tools of Witchcraft«, The Witches' Voice, witchvox. com 2000.

Kapitel 6

Greene, Liz: *Star Signs for Lovers*. Briarcliff Manor, NY: Stein and Day Publishers 1980.

Miller, Henry: *Wisdom of the Heart*. New York: New Directions Books 1941.

Kapitel 8

Emerson, Ralph Waldo: *The Works of Ralph Waldo Emerson: Vol. II* »English Traits, the Conduct of Life, Nature«. London: G. Bell and Sons 1924.

Hand, Robert: *Horoscope Symbols*. Rockport, Mass.: Para Research 1981.

Kapitel 9

Morwyn: *Secrets of a Witch's Coven*. West Chester, Pa.: Whitford Press 1988.

Starhawk: *The Spiral Dance*. San Francisco: Harper and Row 1979.

Toulson, Shirley: *The Celtic Year*. Rockport, Mass.: Element Books 1993.

Kapitel 10

Bunker, Dusty: *Numerology and Your Future*. West Chester, Pa.: Whitford Press 1987.

Coleridge, Samuel Taylor: *Biographia Literaria*. New York: Leavitt, Lord & Co. 1834, (erstmals erschienen 1817).

Luscher, Max: *The Luscher Color Test*. New York: Pocket Books 1971.

Mann, A. T.: *Sacred Architecture*. Shaftesbury, England: Element Books 1993.

Kapitel 11

Bach, Edward: *The Twelve Healers and Other Remedies*. London: Vermilion 2005 (erstmals erschienen 1931).

Culpeper, Nicholas: *Complete Herbal*. London: Richard Evans 1814 (erstmals erschienen 1654).

Scourfield, M. W. J.: *Astrophysics and Space Science*. South Africa, Space Physics Research Institute, University of Natal Durban 4001, 1995.

Tomkins, Peter und Christopher Bird: *The Secret Life of Plants*. New York: Avon Books 1973.

»Trees Talk to Each Other in a Language We Can Learn, Ecologist Claims«, Returntonow.net, 2018.

Zlinszky, Andras, Bence Molnar und Anders Barfod: »Not All Trees Sleep the Same—High Temporal Resolution Terrestrial Laser Scanning Shows Differences in Nocturnal Plant Movement«, Frontiers in Plant Science, 2017.

Kapitel 12

Hall, Judy: *The Encyclopedia of Crystals*. Gloucester, Mass.: Fair Winds Press 2006.

Schiffer, Nancy: *The Power of Jewelry*. West Chester, Pa.: Schiffer Publishing 1997.

Wasserman, James: *Art and Symbols of the Occult*. Rochester: Vt: Destiny Books 1993.

Kapitel 13

Miller, Henry: *Henry Miller on Writing*. New York: New Directions Publishing 1964.

Simms, Maria Kay: *A Time for Magic*. St. Paul, Minn.: Llewellyn Publications 2001.

QUELLEN

Alexander, Skye: *Fairies: The Myths, Legends, and Lore.* Avon, Mass.: Adams Media 2014.

Alexander, Skye: *Find Your Goddess.* Avon, Mass.: Adams Media 2018. (Dt. *Finde deine Göttin. Nutze ihre Kraft und Weisheit.* Köln: Anaconda 2019.)

Alexander, Skye: *Good Spells for Bad Days.* Avon, Mass.: Adams Media 2009.

Alexander, Skye: *Mermaids: The Myths, Legends, and Lore.* Avon, Mass.: Adams Media 2012.

Alexander, Skye: *Nice Spells/Naughty Spells.* Avon, Mass.: Adams Media 2006.

Alexander, Skye: *Planets in Signs.* West Chester, Pa.: Whitford Press 1988.

Alexander, Skye: *Sex Magic for Beginners.* Woodbury, Minn.: Llewellyn Publications 2011.

Alexander, Skye: *The Modern Guide to Witchcraft.* Avon, Mass.: Adams Media 2014. (Dt. *Das große Hexenhandbuch. Das Einmaleins der Weißen Magie.* Köln: Anaconda 2017.)

Alexander, Skye: *The Modern Witchcraft Book of Love Spells.* Avon, Mass.: Adams Media 2017. (Dt. *Das große Hexenhandbuch. Liebeszauber.* Köln: Anaconda 2018)

Alexander, Skye: *The Modern Witchcraft Book of Tarot.* Avon, Mass.: Adams Media 2017.

Alexander, Skye: *The Modern Witchcraft Grimoire.* Avon, Mass.: Adams Media 2016.

Alexander, Skye: *The Modern Witchcraft Spell Book.* Avon, Mass.: Adams Media 2015.

Andrews, Ted. *Sacred Sounds.* St. Paul, Minn.: Llewellyn Publications 1992.

Anthony, Carol K.: *A Guide to the I Ching.* Stow, Mass.: Anthony Publishing 1982.

Arroyo, Stephen: *Astrology, Karma, and Transformation.* Davis, Calif: CRCS Publications 1978.

Arroyo, Stephen: *Astrology, Psychology, and the Four Elements.* Davis, Calif: CRCS Publications 1973.

Bach, Edward: *The Twelve Healers and Other Remedies.* London: Vermilion 2005 (erstmals erschienen 1931).

Beyerl, Paul: *The Master Book of Herbalism.* Custer, WA: Phoenix Publishing 1984.

Bills, Rex E.: *The Rulership Book.* Richmond, Va.: Macoy Publishing and Masonic Supply Co. 1976.

Brady, Bernadette: *The Eagle and the Lark.* York Beach, Maine: Samuel Weiser 1992.

Bunker, Dusty: *Numerology and Your Future.* West Chester, Pa.: Whitford Press 1987.

Bunker, Dusty: *Numerology, Astrology, and Dreams.* West Chester, Pa.: Whitford Press 1987.

Cunningham, Scott: *Cunningham's Encyclopedia of Magical Herbs.* St. Paul, Minn.: Llewellyn Publications 1985.

Devlin, Mary: *Astrology & Past Lives.* Rockport, Mass.: Para Research, Inc. 1987.

Gauquelin, Michel und Francoise Gauquelin: *The Gauquelin Book of American Charts.* ACS Publications 1982.

Gauquelin, Michel: *Cosmic Influences of Human Behavior.* New York: ASI Publishers 1973.

Greene, Liz: *Saturn: A New Look at an Old Devil.* York Beach, Maine: Samuel Weiser 1977.

Greene, Liz: *Star Signs for Lovers.* Briarcliff Manor, NY: Stein and Day Publishers 1980.

Greene, Liz: *The Astrology of Fate.* York Beach, Maine: Samuel Weiser 1984.

Hall, Judy: *The Encyclopedia of Crystals.* Gloucester, Mass.: Fair Winds Press 2006.

Hand, Robert: *Horoscope Symbols.* Rockport, Mass.: Para Research 1981.

Hand, Robert: *Planets in Transit.* Rockport, Mass.: Para Research 1976.

Hoffman, David: *The New Holistic Herbal.* Boston: Element Books 1991.

Knight, Sirona: *Love, Sex, and Magick.* Secaucus, N.J.: Citadel Press 1999.

Kraig, Donald Michael: *Modern Magick.* St. Paul, Minn.: Llewellyn Publications 1999.

Kraig, Donald Michael: *Modern Sex Magick: Secrets of Erotic Spirituality.* St. Paul, Minn.: Llewellyn Publications 1999.

Lonegren, Sig: *Labyrinths: Ancient Myths & Modern Uses.* Glastonbury, England: Gothic Image Publications 1991.

Mann, A. T.: *Astrology and the Art of Healing.* New York: Paraview Press 2004.

Mann, A. T.: *Lifetime Astrology.* Shaftesbury, England: Element Books 1984.

Mann, A. T.: *Sacred Architecture.* Shaftesbury, England: Element Books 1993.

Mella, Dorothee L.: *Stone Power.* New York: Warner Books 1986.

Michaud, Debbie: *The Healing Traditions & Spiritual Practices of Wicca.* Los Angeles: Keats Publishing 2000.

Parker, Derek und Julia Parker: *The Complete Astrologer.* New York: McGraw-Hill 1971.

Rudhyar, Dane: *The Astrological Houses.* New York: Doubleday 1972.

Simms, Maria: *A Time for Magick.* St. Paul, Minn.: Llewellyn Publications 2001.

Starhawk: *The Spiral Dance.* San Francisco: Harper and Row 1979.

Steiner, Rudolf: *How to Know Higher Worlds.* Hudson, NY: Anthroposophical Press 1994.

Sutton, Maya Magee und Nicholas R Mann: *Druid Magic.* St. Paul, Minn.: Llewellyn Publications 2000.

Tisserand, Robert B.: *The Art of Aromatherapy.* Rochester, Vt.: Healing Arts Press 1977.

Tompkins, Peter und Christopher Bird: *The Secret Life of Plants.* New York: Avon Books 1973.

Tresidder, Jack: *The Complete Dictionary of Symbols.* San Francisco: Chronicle Books 2005.

Wasserman, James: *Art and Symbols of the Occult.* Rochester, Vt: Destiny Books 1993.

Whitcomb, Bill: *The Magician's Companion.* St. Paul, Minn.: Llewellyn Publications 1998.

Zerner, Amy und Monte Farber: *The Enchanted Tarot.* New York: St. Martin's Press 1990.